LES NOUVEAUX ESPACES DE JEUX NATURELS

CONSTRUIRE
EN SAULE VIVANT
ET EN BOIS

Le catalogue des ouvrages publiés par Terre Vivante est disponible sur simple demande auprès de l'éditeur, BP 20, 38711 Mens cedex, tél. 76 34 80 80.

RICHARD WAGNER

LES NOUVEAUX ESPACES DE JEUX NATURELS

CONSTRUIRE EN SAULE VIVANT ET EN BOIS

TERRE VIVANTE

Dessins : Régine F. Hagedorn – H & E
Conception : Régine F. Hagedorn
Traduction : Françoise Crumbach
Mise en page, réalisation : Béatrice Gauge
Photogravure : Interligne
Titre original : Naturspielraüme – gestalten und erleben –

ISBN 3-925169-66-0

ISBN 2 904 082 59-X

SOMMAIRE

APPRENDRE EN JOUANT

POURQUOI CE LIVRE ?

Ce manuel s'adresse à tous les adultes, parents ou enseignants, qui avec des enfants et des adolescents, souhaitent aménager des aires de jeu adaptées aux jeunes. Il voudrait encourager en particulier ceux qui croient en la curiosité et au besoin d'activité des enfants et des adolescents, et qui, avec eux, voudraient poser les jalons d'un espace plus vivant et naturel.

Tirant les leçons des erreurs du passé, il nous faut d'abord jeter un regard critique sur les terrains de jeu existants, pour constater que la plupart d'entre eux ont été conçus selon des critères d'adultes. Nous examinerons ensuite en détail les défauts et les points faibles des terrains de jeu habituels.

Les projets présentés dans ce livre ont été réalisés avec des enfants, des adolescents et des adultes lors d'ateliers, de chantiers d'une journée et de camps d'été. J'en profite pour remercier Renate Pohling pour ses conseils pertinents et le soutien constructif qu'elle m'a apporté pour les aspects pédagogiques.

Les indications pratiques ont été conçues pour que les lecteurs sans compétences particulières puissent réaliser les différentes constructions proposées. Il en va de même des créations à partir de saule vivant, exposées de façon particulièrement détaillée dans ce manuel. Les projets de construction en saule présentés ici offrent une occasion unique de combiner les approches écologiques, manuelles, ludiques et sensorielles.

Les parties pratiques sont complétées par des commentaires théoriques sur les aspects pédagogiques et psychologiques de la création d'aires de jeu adaptées aux enfants. Ces remarques veulent inciter le lecteur à approfondir sa réflexion sur l'influence des espaces de jeu sur le développement physique et psychique des enfants. Elles l'aideront également à tirer parti de sa propre expérience au-delà des modes écologiques et pédagogiques.

Le dernier chapitre s'adresse plus particulièrement à ceux qui peuvent agir au sein de l'administration, des institutions pédagogiques, des services des espaces verts, de groupes de parents d'élèves... pour modifier des aires de jeu existantes ou en créer de nouvelles. Je signalerai les résistances que j'ai rencontrées – « tout cela nous mène au chaos » –, et j'indiquerai des pistes à suivre pour trouver des partenaires et des sources d'approvisionnement en matériaux.

APPRENDRE A VIVRE EN JOUANT

Il n'est pas facile aujourd'hui pour les enfants et les adolescents de s'épanouir par le jeu.

Ils sont confrontés de plus en plus tôt au sérieux de la vie à travers :

– un système scolaire basé sur la performance,
– l'isolement social dans les structures familiale et d'habitation,
– les manifestations de plus en plus fréquentes d'allergies,
– la paupérisation de groupes sociaux de plus en plus larges,
– la froideur des lotissements en béton,
– l'expérience quotidienne de la violence.

Dans un tel contexte social et écologique, notre démarche peut passer pour un retour en arrière nostalgique à des pratiques de jeu héritées d'un passé révolu. On peut en effet se poser les questions suivantes : comment, au milieu des problèmes qui viennent d'être évoqués, les enfants et les adolescents peuvent-ils jouer dans des espaces de jeu naturels ? Cette invitation à jouer, à laisser aller leur fantaisie dans des terrains de jeu proches de la nature, ne va-t-elle pas finalement les inciter à se couper de la réalité des problèmes de la vie quotidienne ? N'est-il pas plus sensé de leur donner un rôle actif dans des animations liées aux déchets et au biotope, pour la sauvegarde de leur environnement ?

Face, d'une part, à l'activisme écologique grandissant, d'autre part, à ceux qui parlent de nostalgie et de fuite, notre conviction profonde est que les enfants grandissent et mûrissent physiquement, psychiquement et spirituellement avant tout par le jeu avec des objets, par des événements et des situations en relation avec leur vie.

En matière de jeu, les principes suivants coulent de source :
– l'enfant choisit de lui-même, et spontanément, de jouer avec des objets ou avec d'autres personnes ;
– la décision de jouer peut être directement provoquée par l'espace de jeu, c'est-à-dire l'atmosphère qu'il dégage, ses matériaux, ses formes, ses autres caractéristiques ;
– outre le lieu, c'est aussi le temps libre dont dispose l'enfant qui va déterminer la possibilité de vivre des aventures intenses par le jeu.

LA CREATION D'ESPACES DE JEU

Depuis plusieurs années, des cercles de réflexion pédagogique débattent de la question des espaces de jeu pour enfants et adolescents. Cette recherche découle de la prise de conscience que « la planification de nos municipalités ne prend en considération qu'une tranche d'âge, et encore partiellement, puisqu'elle ne s'intéresse qu'aux adultes actifs. »

Cette critique du psychologue Alexander Mitscherlich, formulée dès 1965, est plus que jamais d'actualité. Une génération plus tard, les conséquences désastreuses de la politique du bâtiment et de l'habitat critiquées par Mitscherlich apparaissent avec évidence : les rues asphaltées, les cours pavées, les espaces verts stéréotypés ne laissent aux enfants aucun lieu pour se défouler ou se cacher. Les aires de jeu standardisées qui leurs sont proposées incitent à la fois à l'ennui et au vandalisme.

Dans le cadre de mes activités de formateur, j'ai, depuis la fin des années 1980, accompagné en milieu urbain et rural les initiatives de pédagogues, de parents et de jeunes qui tentaient d'adapter les aménagements de plein air aux besoins des enfants. L'originalité de ces projets est d'introduire dans les terrains de plein air des matériaux variés comme la terre, le bois, des pierres, des plantes, des massifs de fleurs, des arbres et arbustes fruitiers. Ils sont non pas conçus comme des biotopes à protéger écologiquement, mais comme des cadres à de multiples activités ludiques, avec des cabanes, des établis, des installations telles que des balançoires et des toboggans.

En participant à la création d'aires de jeu, pédagogues, parents et enfants développent une nouvelle vision des espaces de plein air. Beaucoup se demandent comment ils ont pu supporter si longtemps des endroits si mornes.

Presque tous s'étonnent de voir ce qu'il est possible de créer avec des matériaux simples. Tout en travaillant, enseignants et parents se souviennent des lieux et des jeux de leur propre enfance.

LES ESPACES DE JEU DE NOTRE ENFANCE

Au-delà de tous les arguments psychologiques, pédagogiques et politiques, je dois avouer que ma motivation pour des aires de jeu adaptées aux enfants trouve sa source dans les souvenirs des lieux de jeu de mon enfance et des expériences que j'y ai faites. Mon envie de donner aux enfants la possibilité de vivre leurs propres aventures dans des paysages de jeu où la nature est présente montre que je « joue » volontiers moi-même dans des endroits qui sentent l'humus du sous-bois et les feuilles décomposées, dans le clair-obscur des haies et taillis de saule, avec le clapotis des fossés boueux.

A moins de vingt mètres de la maison de mes parents s'ouvrait un royaume où, bien avant d'aller à l'école, j'avais la permission de jouer, seul ou avec d'autres enfants. Une fois franchie la passerelle branlante enjambant le fossé, il ne restait plus qu'à escalader un talus toujours glissant pour déboucher sur un fourré de ronces, de prunelliers et de noisetiers, qui ne pouvait être traversé qu'en rampant. Nous étions récompensés bien au-delà de nos peines, car, derrière la haie champêtre, nous découvrions un terrain inconnu des adultes. La terrasse en pente présentait un creux. En son centre des saules des marais avaient poussé et s'agitaient au-dessus du maquis alentour, à des hauteurs vertigineuses – selon ma vision de l'époque. Sous leur ombre, les arbrisseaux sauvages étaient desséchés, permettant aux brigands de s'y retrancher ou aux indiens de monter une tente.

A l'aide de tiges de saule ou de noisetier, de cordes en chanvre, de sacs de pommes de terre éventrés, de plaques de mousse, de touffes d'herbe, de bouts de planches et de clous récupérés, nous construisions de petites cabanes pour nous cacher, des trappes, des tentes d'indiens. L'ambiance et l'aspect des matériaux changeaient avec la saison. En hiver, les buissons perdaient leur allure sombre et légèrement angoissante, et une pulsion d'explorateur d'autant plus vive nous menait vers les coins les plus secrets, où se cachaient coquilles d'escargots, noisettes, plumes, os, boîtes et bouteilles. Et quand, au crépuscule, les premiers flocons de neige tombaient sur le feu de camp d'où s'élevait une épaisse fumée, le dernier des Mohicans et ses amis étaient assis devant leur tente, fumant un mélange de graines de foin et de feuilles de ronce dans leur calumet de la paix.

Le souvenir ne peut recréer ces espaces que le remembrement et le réaménagement du village ont balayés. Mais les images intérieures, restées intactes, illustrent à quel point ils ont permis ces expériences ludiques et ce vécu, et combien ce souvenir est resté vivant.

A L'ECHELLE DES ENFANTS

ENFANTS, ADULTES : DES PERSPECTIVES DIFFERENTES

Les espaces de jeu pour enfants et les terrains de plein air sont, en règle générale, conçus et aménagés par des adultes. De même, ce sont des adultes, concepteurs et fabricants, qui dessinent et montent les équipements qui y sont installés. La monotonie et la tristesse de ces espaces standardisés montrent à l'évidence que les adultes ont fait, jusqu'à présent, peu d'efforts pour aménager les aires de jeux en les envisageant du point de vue des enfants.

Peut-être que certains lecteurs trouveront exagéré de prétendre que les aires de jeux existantes ne conviennent guère aux enfants. Je suis habitué à voir mon opinion sur ces espaces contestée, aussi bien par les concepteurs que par les représentants des fabriquants d'équipements. Les éducateurs avancent des arguments comme « mais les enfants aiment bien jouer dans les bacs à sable » ou « les enfants ont bien adopté tel élément de jeu ». Il faut, pour avancer dans la discussion, réfléchir sur ce dont on prive les enfants qui doivent se contenter, en guise d'espace de jeu, d'un bac à sable carré et d'installations préfabriquées.

Souvent, ce manque d'espace ludique laissant une place à l'éveil des sens commence déjà dans le jardin familial. Ces jardins, naguère productifs et conviviaux, sont devenus ornementaux et ont cessé d'être des lieux où les enfants peuvent jouer. Un bac à sable vient remplacer les trous qu'on pouvait creuser dans la terre meuble. Une serre en plastique n'offre qu'un abri saisonnier, alors que la cabane à outils ou une baraque en planches en fournissait un toute l'année. Si la famille habite dans un immeuble, les enfants devront alors assimiler aussi tôt que possible le message des adultes appliqué aux espaces verts : « Interdit de marcher sur les pelouses ».

Le syndic d'immeuble, soutenu par des parents motivés, proposera donc un bout de terrain exposé aux courants d'air comme ersatz d'un biotope de jeu. Au bout de quelques mois, chiens, chats, vandales et ivrognes auront fait de cet « oasis de jeu » un tout autre usage.

Dans la mesure où ils existent encore, les terrains vagues offrent pourtant une situation de départ idéale pour motiver le jeu d'enfants et de jeunes adolescents. Le développement progressif d'une végétation naturelle, assurant un couvert végétal avec des plantes annuelles, des vivaces, des arbustes, des arbres, transforme le terrain en un petit paysage. Le sol resté nu incite à y gratter, à le modeler en trous, remblais et terriers. A l'abri de saules des marais à croissance rapide, on montera par exemple des abris en planches et des cabanes dans lesquelles les enfants pourront habiter et s'approprier « leur » terrain. Mais ces espaces de jeu « sauvages » ne sont en règle générale pas tolérés à proximité des lotissements, les règles administratives et le goût de l'ordre des propriétaires s'y opposant.

Pour les enfants, cela veut dire qu'ils ne trouvent plus, près de chez eux, de lieux qui leur soient propres, où ils puissent imprimer leur marque. Ils doivent apprendre à être comme les vêtements qu'ils portent : faciles à entretenir.

L'AIRE DE JEU, JUXTAPOSITION D'EQUIPEMENTS

Les terrains de jeu pour enfants ont été aménagés d'abord dans les quartiers urbains, puis dans les zones rurales, pour compenser la disparition des espaces ouverts. L'équipement de base de ces terrains de jeu publics est constitué de structures en métal ou en bois, offrant aux enfants de nombreuses possibilités pour grimper, exercer leur équilibre, glisser, se balancer, etc. Les tout-petits peuvent aussi creuser et faire des constructions dans les bacs à sable.

Le terrain de jeu est ainsi réduit à un lieu d'exercice physique. Les jeux mettant en œuvre des rapports sociaux, des activités manuelles, des explorations et des découvertes sont inexistants. La diversité des équipements proposés sur le marché se traduit par une juxtaposition des différents éléments sans aucun lien entre eux. La construction et le montage se bornant à se conformer à la législation en matière de sécurité.

Le même concept est appliqué à l'aménagement des terrains de plein air des écoles maternelles et des crèches. Ce que l'on appelait autrefois « jardin » a été transformé en espace destiné à développer la motricité, où la sécurité des tout-petits doit pouvoir être garantie par la vigilance des enseignants. Pour des raisons évidentes de sécurité, on renonce aux arbustes, aux remblais et aux pergolas, qui pourraient morceler et sculpter l'espace de jeu.

Les espaces de jeu sont exposés au soleil, au vent et à la pluie. La combinaison du gazon, du sable et d'éléments en bois crée une ambiance monotone qui ne varie pratiquement pas au cours des saisons.

Les terrains de jeu conventionnels manquent d'ambiance et deviennent – paradoxalement – des endroits ennuyeux et stressants. L'aspect émotionnel disparaît en effet complètement, et le besoin d'intimité des enfants n'est pas respecté.

Sur les terrains de jeu de la plupart des écoles primaires et maternelles, les enfants se trouvent littéralement sur un présentoir, exposés aux regards curieux et inquiets des adultes. Même les cabanes de jeu, à cause de leurs ouvertures surdimensionnées, restent accessibles aux regards indiscrets. Les petits chemins tracés par les enfants, les cachettes dans les bordures végétales et les coins de verdure présents sur ces terrains, témoignent à quel point les petites niches de jeu, les possibilités de retraite et les cachettes sont, du point de vue des enfants, appréciées et nécessaires. L'aspect stressant du jeu se trouve encore renforcé par la lutte pour la meilleure place, et par des éléments soi-disant intégrés qui invitent à des jeux qui se contrarient. Ainsi, un jeu de rôle n'est pas possible si une tour doit être en même temps cabane, structure d'escalade, et support de toboggans.

QUELQUES PROBLEMES CARACTERISTIQUES

A côté des lacunes et des contradictions générales des aires de jeu traditionnelles, on peut relever toute une série de points problématiques et d'obstacles particuliers qui restreignent les comportements ludiques des enfants, et bloquent parfois des expériences essentielles.

Un cas typique est celui des maisonnettes ou cabanes, dont on trouve des variantes rustiques ou fantaisies, qui sont en général fabriquées avec des matériaux en bois traité, vitrifié ou aggloméré.

Leur aspect inerte reflète les techniques standardisées de la production en série. Des murs sans aspérités, sans une seule fente, des proportions pas ou peu réfléchies, aucun matériau sur lequel on puisse avoir prise... l'œil et la main passent sans s'arrêter sur ces maisonnettes préfabriquées. Elles sont trop lisses, trop parfaites et trop fonctionnelles. Leur aménagement intérieur et leur potentiel ludique contrastent fortement avec l'investissement élevé qu'elles représentent. Elles sont en général si petites qu'elles n'offrent pas d'espace suffisant pour des jeux collectifs. Souvent il manque un plancher, ce qui réduit beaucoup leur confort et les activités liées à leur aménagement et à leur entretien. Outre ces défauts de construction et d'équipement, l'emplacement, choisi souvent arbitrairement, les rend encore moins attractives. Plantées au beau milieu d'une pelouse, d'une zone de sable, ou encore coincées entre d'autres équipements, elles dégénèrent alors en lieux inutilisés où traînent des pneus de voiture ou des jouets hors d'usage.

Le caractère inhabitable de ces maisonnettes de jeu trouve son pendant dans des bacs à sable tristes et sans imagination qui cumulent un grand nombre d'inconvénients : chauds lorsqu'il y a du soleil, ouverts aux courants d'air, exposés à tous les regards, trop plats, trop étroits, trop propres pour qu'on puisse vraiment y construire, creuser des tunnels et patauger.

Le sable, disponible en quantités limitées, est presque toujours le seul matériau de jeu offert aux enfants. On prive ces derniers d'une multitude de matériaux naturels, à commencer par les pierres, en passant par les coquillages, les pommes de pin, les marrons, le bois sous ses diverses formes et textures, la terre et l'eau. Etablis, tréteaux , métiers à tisser et autres outillages permettent le jeu créatif uniquement dans l'enceinte d'un l'atelier.

Les parterres de fleurs et les planches de légumes fournissent de nombreuses possibilités d'entrer en contact ou de travailler avec la terre. Des parterres abandonnés et des coins de jardin envahis, devenus sauvages, témoignent des tentatives déçues de jardiner avec les enfants. Sur les planches au niveau du sol, radis, carottes et soucis n'ont pas la vie facile. De nombreuses plantes se trouvent piétinées. Ainsi, les plantes du jardin cèdent souvent la place à ces herbes qu'on dit mauvaises.

Le manque d'assurance des éducateurs se reflète dans la manière dont ils autorisent les enfants à entrer en contact avec les plantes. D'une part, les interdictions de jouer et de grimper préservent les arbustes et les arbres des enfants, de l'autre, les interdictions de toucher et de planter préservent les enfants des plantes. Des listes de plantes « toxiques », encadrées en noir, tendent à faire croire qu'il faut se méfier de tous les arbustes à baies rouges, mis dans le même panier que les belladones toxiques.

L'interdiction de grimper dans les arbres et les arbustes découle de normes et de règlements qui doivent garantir la sécurité sur les terrains de jeu. Dans la même logique on bannit des aires de jeu les fossés, les creux, les points d'eau, les remblais et les buttes plantées de végétation. Les buttes que l'on trouve ici et là sont de simples tas de terre dénudés souvent trop bas pour permettre vraiment une vue dominante et trop peu attrayants pour donner envie d'y jouer un bon moment.

TERRAINS DE JEU, LIEUX D'APPRENTISSAGE

Le sens des terrains de jeu ne devient compréhensible que lorsque l'on prend conscience du processus d'apprentissage de l'enfant. A l'âge de la maternelle ou de l'école primaire, il n'apprend pas par des concepts inculqués par les adultes. Il apprend en percevant ce qui l'entoure avec tous ses sens.

Ce livre part du constat qu'un développement harmonieux de l'enfant dépend essentiellement du fait qu'il puisse, là où il vit, avoir des prises de conscience et des activités variées. Réduire ses besoins de jeu et de mouvement à la simple utilisation d'équipement paralyse ses sens et sa soif d'activité.

Le jeu dans des aires aménagées proches de la nature stimule la santé aussi bien physique que psychoémotionnelle de l'enfant. Nous pouvons facilement le comprendre. Il suffit de comparer l'effet que produisent sur nous, d'un côté une promenade dans la forêt, de l'autre une marche sur une route goudronnée.

La promenade en forêt stimule nos sens et tout notre organisme. La multitude des formes et la diversité des textures a un effet dynamisant et harmonisant, à la fois physique et psychique. A l'inverse, une promenade sur l'asphalte d'une rue amène fatigue, stress et ennui.

Cette « dépendance » du bien-être de l'organisme humain par rapport à la nature et à l'environnement est encore bien plus grande pendant la période de croissance de l'enfant.

A VOS OUTILS !

Quand les enfants bâtissent leur hutte et leur cabane, ils sont dans leur élément.

Ils se créent un univers à la mesure de leur propre « espace corporel » et de leur appréhension de l'espace. Dans leur cabane, construite avec ardeur et passion, ils se sentent chez eux, ils sont dans leurs « quatre murs ». Pour la bâtir, ils utilisent tous les matériaux qui, d'une manière ou d'une autre, peuvent être dressés, attachés et fixés : couvertures, tissus, cordes, bouts de bois, gros emballages, brindilles vertes et branches perdent leur fonction d'origine et se transforment en murs, toits, sols et toitures.

On devrait toujours encourager ce besoin de l'enfant de construire avec des matériaux simples les cabanes de son invention, en l'aidant au besoin à rassembler les matériaux. Les propositions qui suivent, pour bâtir des petites maisons en bois plus élaborées, sont des compléments aux constructions précaires et improvisées des enfants. Avant de décider de construire de nouvelles cabanes de jeu, il faut jeter un œil sur celles qui existent déjà. Souvent de petits ajouts ou des modifications mineures transformeront un abri ouvert aux quatre vents en une maisonnette habitable.

La cabane est-elle sur un terrain nu ? ou est-elle reliée à une cavité, un arbre, des bancs, un bac à jeux ? Si elle doit être faite pour durer, elle pourra être agrémentée d'une pergola de verdure, d'un petit mur recouvert de plantes, d'une haie tressée ou simplement plantée, et s'intégrer ainsi à l'aire de jeu.

Dans les maisonnettes, il manque souvent un plancher, des murs revêtus, un toit étanche, des étagères, des endroits pour s'asseoir, et des tables pour jouer. Les exemples de ce chapitre fournissent des directives pour combler ces lacunes.

LA CABANE DE JEU

Matériaux

– 4 poteaux de 2 m x 10 cm
– 2 poteaux de 2,50 m x 10 cm
– 3 chevrons de 3 m x 8 cm x 10 cm
– 5 chevrons de 2,50 m x 6 cm x 8 cm
– 9 m² de planches non rabotées de 1,50 m de long (toiture)
– 27 m² de planches non rabotées de 2,50 m de long (murs, plancher)
– 1 rouleau de toile bitumée
– 500 g de rivets
– 5 kg de pointes de 65
– 6 pointes de 180
– 12 pointes de 130

Etape 1 : mise en place des poteaux
Sur une surface plane, enfoncer de 40 cm dans le sol un premier poteau de 2 m de long, qui sera un pilier d'angle de 1,60 m de haut. Creuser pour cela un trou de 40 cm de profondeur et d'environ 30 cm de diamètre, y planter le poteau bien verticalement en s'aidant d'un

fil à plomb ou d'un niveau à bulle. Remblayer petit à petit la terre enlevée autour du poteau et la tasser vigoureusement avec un rondin.

Partant de la base de ce poteau, préparer deux cordes qui marqueront deux des murs de la maison.

Tendre la première corde de manière à ce qu'elle indique l'emplacement du premier mur. Y marquer un repère à 60 cm du poteau. Sur la deuxième corde, faire un repère à 80 cm du poteau. Eloigner cette corde de la première jusqu'à ce que la diagonale entre les deux repères mesure 1 m. Les deux cordes feront alors entre elles un angle droit (90°).

En suivant ces deux axes perpendiculaires matérialisés par les cordes au sol, planter le deuxième et le troisième poteaux à 2,30 m du premier (distance intérieure). Déterminer l'emplacement du quatrième poteau par la même méthode.

Pour vérifier que les quatre murs sont bien à angle droit, on peut mesurer les diagonales entre les poteaux opposés. Les angles sont justes si les longueurs sont identiques.

Une autre méthode pour vérifier les angles est d'utiliser une équerre en bois que l'on aura fabriquée.

Ceux qui ne tiennent pas à des angles droits parfaits peuvent aussi les déterminer en posant au sol un cadre réalisé avec quatre planches.

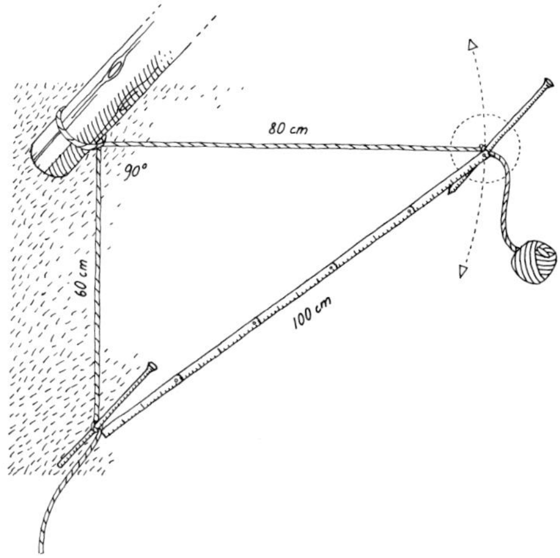

Etape 1 : mise en place des poteaux

Ils peuvent évaluer les angles droits à l'œil et poser les quatre poteaux porteurs dans les angles du cadre.

Ajuster la hauteur des trois derniers poteaux en fonction de celle du premier. Tenir une règle ou tendre une corde allant du sommet du premier poteau au sommet des autres. Poser le niveau à bulle sur la corde ou la règle. Vérifier qu'ils sont horizontaux.

Planter ensuite deux poteaux de 2,50 m de long, qui porteront le faîte du toit, au milieu de deux côtés opposés. Ils devront dépasser ces derniers de 40 cm.

Pour assurer la stabilité des poteaux d'angle, les relier deux à deux, côté intérieur, par une planche clouée en biais. Cela évitera qu'ils bougent lors de la suite du montage.

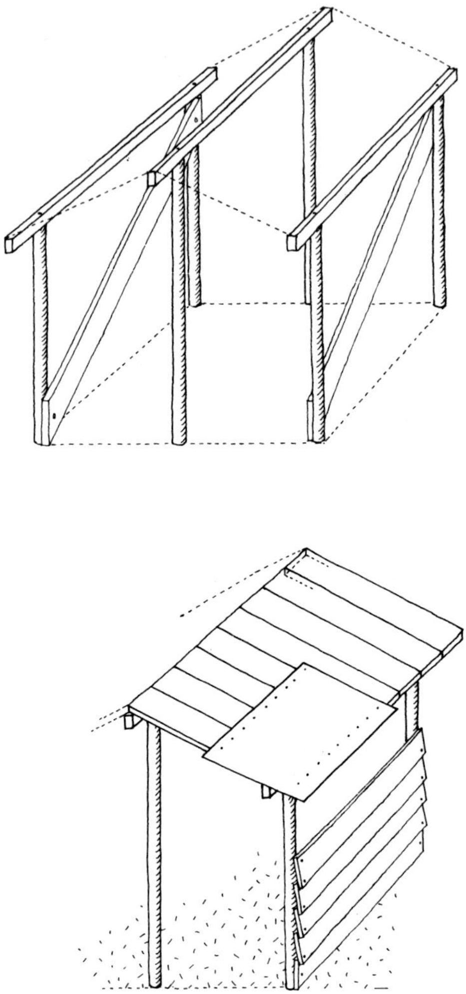

Etapes 2 à 5

Etape 2 : mise en place des chevrons du toit

Poser les chevrons de 3 m sur leur face la moins large sur le sommet des poteaux de sorte que chacun dépasse ces derniers de 25 cm. Les clouer avec des pointes de 180.

Etape 3 : pose du bardage des murs

Le bardage en planches des murs sera posé à l'horizontale.

Commencer par le bas en fixant une planche avec des pointes de 65. La planche du dessus viendra la recouvrir sur 2 cm et ainsi de suite. Grâce à ce type de recouvrement, le vent et l'eau ne pourront pas pénétrer dans la maison.

Etape 4 : pose des planches du toit

La hauteur des quatre poteaux d'angle (1,60 m) et de ceux qui portent le faîte du toit (2 m) permet la pose d'un toit à deux pentes. Fixer les planches de sorte que les deux pans du toit se rejoignent au faîte et qu'à l'autre extrémité elles dépassent les murs d'environ 20 cm.

Etape 5 : couverture du toit

L'inclinaison du toit étant inférieure à 30°, il sera couvert d'une toile bitumée type *fel'x* ou *d'fol llp 36 kg*. La première bande dépassera de 10 cm la bordure horizontale du toit sur toute sa longueur, et sera fixée au bord inférieur avec les rivets spéciaux. La bande suivante doit recouvrir la précédente sur 10 à 15 cm environ.

Etape 6 : mise en place de la gouttière

Les deux gouttières seront soutenues chacune par une planche qui sera clouée au-dessous, sur l'extérieur de la façade. Une autre planche sera clouée du côté extérieur sur le « front » des gouttières. Le bout de toile goudronnée qui dépasse de 10 cm viendra s'arrêter dans chacune des deux gouttières, y sera rabattu et maintenu avec des rivets.

Etape 7 : pose du plancher

Pour se protéger de l'humidité du sol, étendre une toile bitumée de 25 cm de large sous les chevrons de 2,50 m qui porteront le plancher. Poser le premier chevron à l'horizontale sur le sol – prendre un niveau à bulle – entre deux poteaux d'angle et le clouer à chaque extrémité avec des pointes de 130. Placer le deuxième chevron du côté opposé. Poser une règle à cheval entre les deux chevrons, et vérifier avec le niveau qu'elle est horizontale. Dans le cas contraire, monter ou descendre le chevron qui n'est pas encore fixé, puis le clouer avec des pointes de 130.

Clouer le troisième chevron supportant le plancher à la base des deux poteaux centraux, ceux de 2 m qui portent le faîte du toit, puis poser les deux derniers, de telle sorte que la distance entre chaque chevron soit d'environ 55 cm. Ne pas clouer ces deux derniers mais les caler aussi bien que possible avec des chutes de bois.

Pour finir, clouer les lattes du plancher avec des pointes de 65.

Il n'y a pas lieu de s'inquiéter si les enfants jouent pieds nus sur ce plancher brut. Sa surface sera très vite polie par les va-et-vient répétés. Pour les cabanes utilisées par les tout-petits (moins de trois ans), le plancher pourra être raboté.

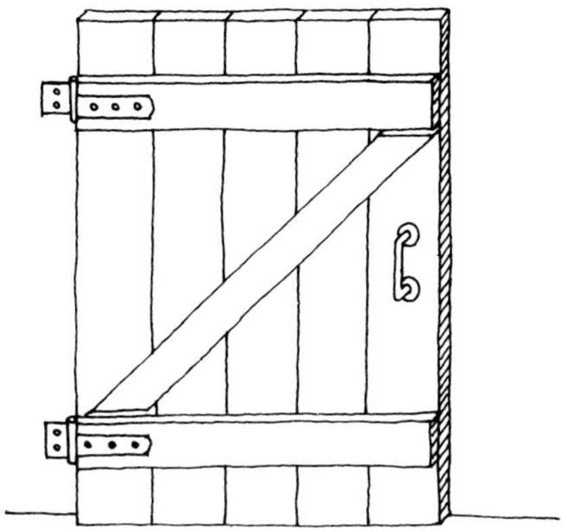

Etape 8

Etape 8 : porte et fenêtres

La porte est constituée d'un assemblage de planches maintenues par une latte horizontale en haut, en bas, et une en diagonale. La fixer à un pilier à l'aide de deux ferrures achetées en quincaillerie.

La fenêtre peut être ménagée dans un mur lors de la construction de la cabane ou découpée ultérieurement. Dans les deux cas, on marquera sa largeur par deux planches ou deux chevrons verticaux de 1,70 m x 6 cm x 4 cm. Elle ne doit être pas trop grande (70 cm x 50 cm) et ne sera pas vitrée. Un rideau éliminera tout risque de blessure et égayera la maison.

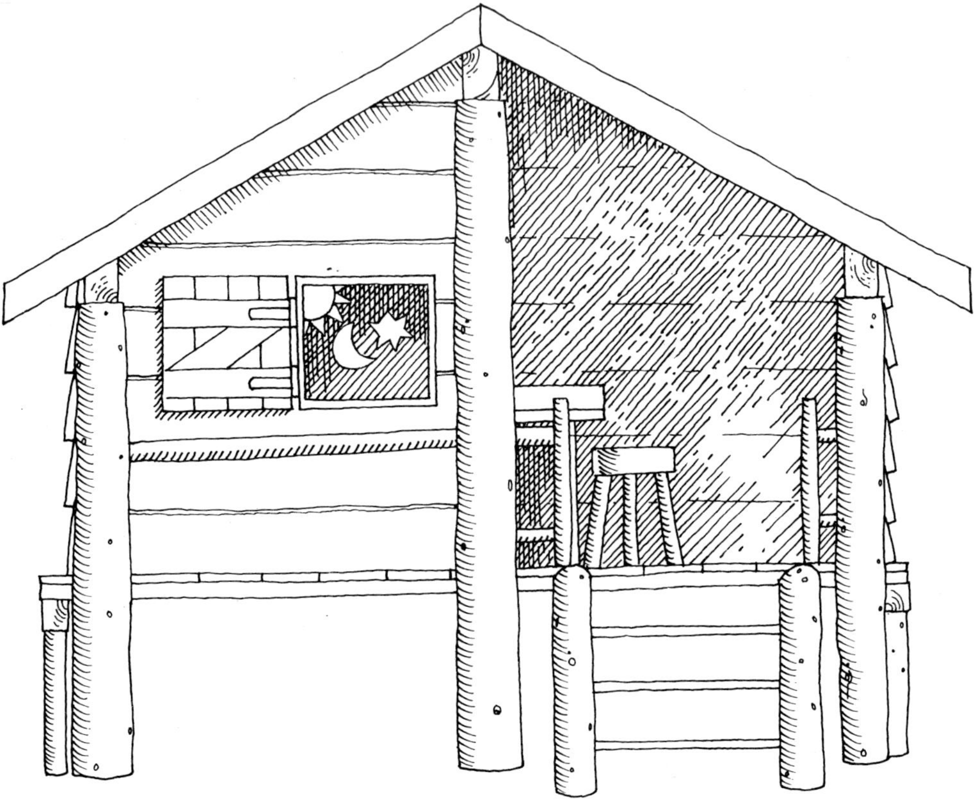

LA MAISON SUR PILOTIS

La maison sur pilotis est une variante de la cabane de jeu. Elle procure une sensation et une perception de l'espace différentes. Les deux types de construction se différencient par quelques détails.

Les poteaux d'angle de la maison sur pilotis mesurent 2,50 m de hauteur et sont enfoncés de 50 cm dans le sol. Les deux poteaux qui portent le faîte font 3 m et sont enfoncés de 50 cm. Les chevrons qui supportent le plancher sont plus gros (10 cm x 8 cm de section) et sont fixés aux poteaux par des pointes de 160 à un niveau tel que le plancher soit à 50 cm du sol. Le plancher est composé de lattes de 3 cm d'épaisseur, fixées par des pointes de 80.

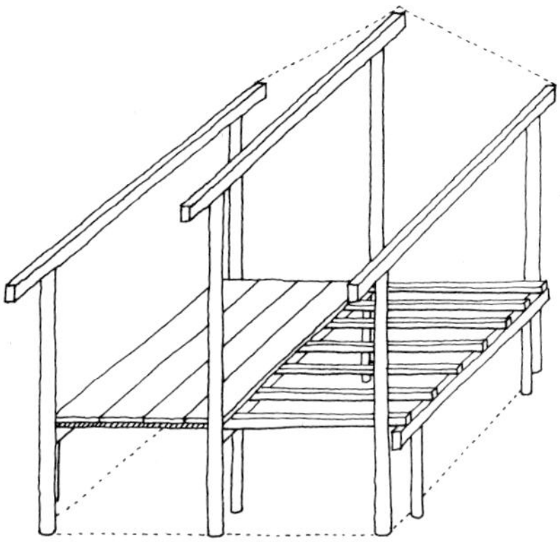

Mise en place du plancher de la maison sur pilotis

LA CABANE ATELIER

Matériaux

- *2 poteaux de 2m x 10 cm*
- *2 poteaux de 2,50 m x 10 cm*
- *2 chevrons de 3 m x 8 cm x 10 cm*
- *7,5 m² de planches non rabotées de 2,50 m (toit)*
- *5 m² de planches non rabotées de 2,50 m (mur du fond)*
- *8 m² de planches non rabotées de 2 m (murs latéraux)*
- *2 poteaux de 1 m x 8 cm*
- *2 chevrons de 2 m x 6 cm x 8 cm*
- *2 chevrons de 60 cm x 4 cm x 6 cm*
- *2 madriers de 2 m x 4 cm x 30 cm*
- *1 rouleau de toile bitumée*
- *4 pointes de 180*
- *8 pointes de 160*
- *12 pointes de 120*
- *2,5 kg de pointes de 65*
- *250 g de rivets*

On peut encourager les activités manuelles de plein air et les concentrer en un même lieu en construisant un atelier.

Les enfants pourront ainsi faire des travaux liés au jardin, dépotage et rempotage, mélange de terres pour les semis, séchage de fleurs et d'herbes, et des activités créatrices à partir de bois, d'argile, de terre et d'osier, par n'importe quel temps.

L'atelier doit avoir comme dimension environ 2,50 m x 2 m. Le fond et les deux côtés sont revêtus de planches. Le sol est recouvert de broyat ou d'un plancher en bois (voir p. 23, étape 7 de la cabane de jeu). Le toit est à une pente.

Etape 1 : structure

Commencer par placer les deux poteaux arrière qui supporteront le côté le plus bas du toit, à 2,30 m de distance intérieure. Ils doivent dépasser du sol de 1,60 m environ.

Placer ensuite les deux poteaux avant qui supporteront le côté le plus haut du toit, à 1,80 m (distance intérieure) des précédents. Ils devront dépasser du sol de 2,10 m. Vérifier avec un niveau que les deux poteaux arrières, puis les poteaux avant, ont la même hauteur. Ajuster chacun d'entre eux avec un niveau placé verticalement.

Etape 2 : pose du toit et des murs

Fixer les deux chevrons du toit sur les poteaux par des pointes de 180 (voir dessin). Les faire dépasser d'environ 25 cm de chaque côté. Couvrir les trois murs de bardage

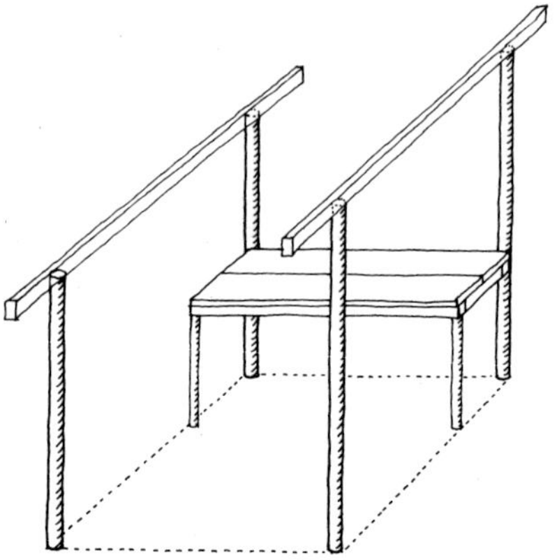

La cabane atelier

(comme dans l'étape 3 de la cabane de jeu, p. 22).

Clouer les planches du toit côte à côte en les laissant dépasser d'environ 25 cm sur les façades avant et arrière. Les couvrir de bandes de toile bitumée dans le sens de la longueur du toit. (comme dans l'étape 5 de la cabane de jeu, p. 22).

Etape 3 : la table de travail

On peut, sur un des côtés, fixer une table de travail.

Planter, à 60 cm des deux poteaux d'un mur latéral, deux autres poteaux de 8 cm de diamètre, de sorte qu'ils dépassent de 60 cm du sol.

Y poser un chevron de 2 m x 6 cm x 8 cm et le clouer avec des pointes de 160. Fixer un chevron d'égale section à la même hauteur sur les montants du mur latéral.

Relier ces deux chevrons horizontaux et parallèles par trois chevrons de 60 cm x 6 cm x 4 cm.

Clouer sur ce cadre deux madriers de 2 m x 4 cm x 30 cm, qui formeront une surface de travail stable.

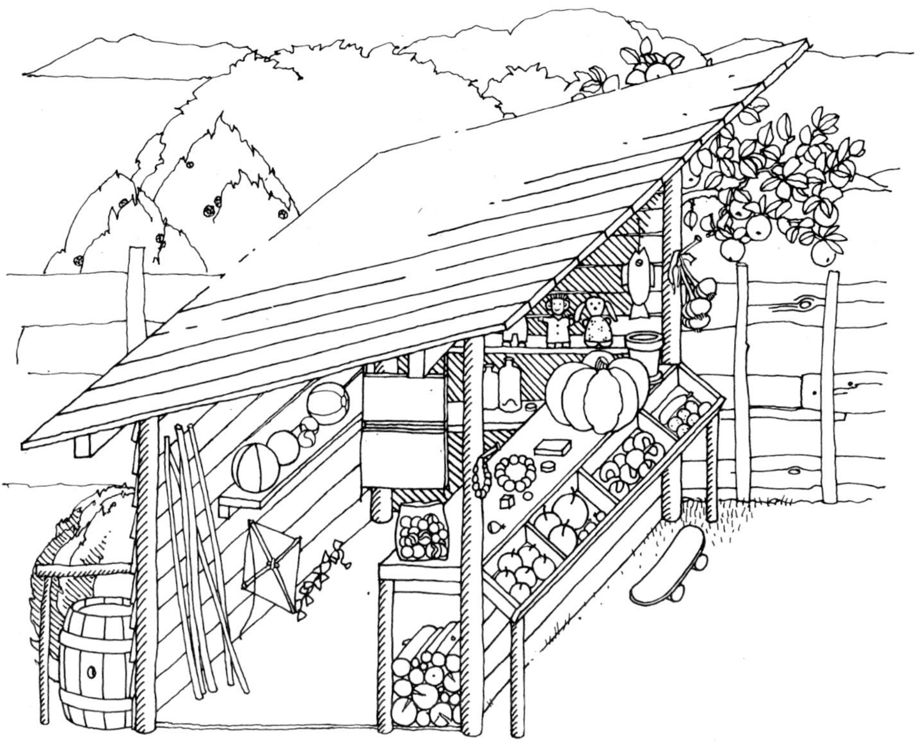

LA BOUTIQUE

Matériaux

- *2 poteaux de 2,30 m x 8 cm*
- *2 poteaux de 2 m x 8 cm*
- *2 chevrons de 2,50 m x 6 cm x 8 cm (toit)*
- *2 chevrons de 2 m x 6 cm x 8 cm (plancher)*
- *5 m² de planches non rabotées de 2 m (toit)*
- *6 m² de planches non rabotées de 1,50 m (plancher et murs latéraux)*
- *4 m² de planches non rabotées de 2 m (murs du fond)*
- *3 planches de 2 m x 3 cm x 30 cm*
- *1 rouleau de toile bitumée*
- *250 g de rivets*
- *2,5 kg de pointes de 65*
- *4 pointes de 180*

Construction

On peut installer une boutique en vue et à portée de voix de la cabane de jeu. Elle offrira un espace supplémentaire pour s'amuser et de nombreux prétextes à de nouveaux jeux.

C'est le même type de construction que l'atelier, avec des dimensions réduites. Le toit à une pente a la même avancée que pour l'atelier et recouvre une construction de 2 m x 1,50 m. Le fond et un côté sont fermés. L'autre côté et le devant restent ouverts. Le sol est recouvert d'un plancher.

Une planche de 2 m x 3 cm x 30 cm, fixée à 50 cm de hauteur entre les deux poteaux avant, servira de comptoir. Deux autres planches fixées sous le comptoir peuvent faire office d'étagère.

LA PERGOLA, PARASOL DE VERDURE

L'alternance de zones d'ombre et de lumière est un élément essentiel dans la conception d'aires de jeu adaptées aux enfants. Terrasses, bacs à sable, toboggans en métal et autres lieux où les enfants passent beaucoup de temps sont des endroits brûlants, au sens propre du terme. Les auvents ou parasols, que l'on trouve si souvent, sont des éléments provisoires et onéreux, dont l'efficacité reste souvent bien loin de ce qu'en attendent leurs utilisateurs.

Contrairement aux tonnelles de verdure des vieux parcs, qui ont besoin d'une dizaine d'années et de soins intensifs pour se développer, nous proposons dans les pages qui suivent des créations à l'atmosphère agréable et pleines de jeux de lumière : parasols de verdure tels que pergolas et tunnels de clématites et de houblons sauvages, toitures verdoyantes des treilles, arcades de feuillage, toujours montés en peu de temps et avec des moyens très simples.

La forme de base de la pergola en rondins

Sur le terrain la pergola en rondins sera très appréciée pour des raisons tant pratiques qu'esthétiques. Non seulement elle s'intègre parfaitement au terrain, mais, de plus, elle est facile à construire.

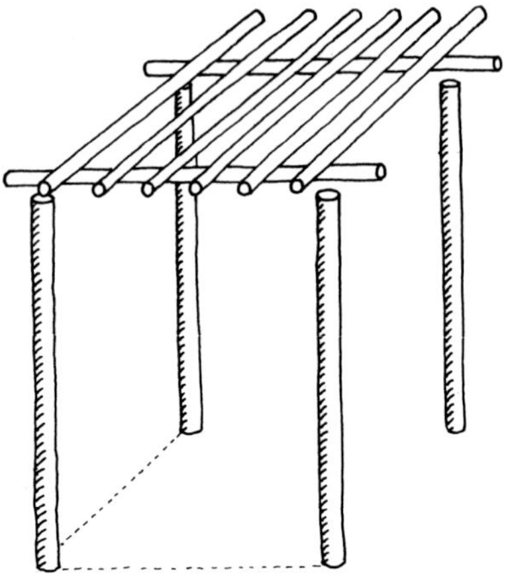

L'ossature de la pergola

Matériaux

– 4 poteaux de 2,50 m x 8 à 10 cm (piliers de soutien)
– 2 poteaux de 2,50 m x 8 à 10 cm
– 9 rondins de 2 m x 5 à 6 cm
– pointes de 160 et de 100

Les poteaux de soutien devront avoir 8 à 10 cm de diamètre si on utilise des rondins bruts simplement écorcés. Ils peuvent être plus gros pour des pergolas assez grandes.

Les poteaux de soutien horizontaux auront à peu près le même diamètre que les précédents et ne dépasseront pas 3 m de long. Les rondins transversaux pourront être bien plus petits (4 à 6 cm). On les remplacera éventuellement par des lattes de toit non rabotées. Ils serviront de support aux plantes grimpantes qui viendront s'enrouler autour, et pourront être complétés par des fils de fer fins tendus d'un bout à l'autre.

Le point faible de la pergola, en matière de longévité, est la base des piliers, au niveau de la zone de contact avec la terre. Il est souhaitable qu'ils soient en mélèze, en acacia, en douglas ou en châtaignier. Si l'on ne peut se procurer ces essences, on utilisera des rondins en pin, en sapin ou en épicéa écorcé, qu'on noiera dans du béton, ou qui seront maintenus isolés du sol par des brides d'acier prises dans le béton.

Etape 1 : l'ossature

Enfoncer les piliers de soutien de 50 cm dans la terre ou les noyer dans du béton. S'ils doivent être maintenus par des brides en métal, prévoir de fixer celles-ci dans le béton quelques jours avant la construction de la pergola. Le béton sera composé de cinq parties de sable et gravier pour une de ciment. Apporter le béton ou la terre par couches successives et tasser fortement avec des rondins.

Etape 2 : mise en place des poteaux horizontaux et des rondins transversaux

Faire dépasser les poteaux horizontaux de 20 cm de chaque côté des verticaux et les fixer avec des pointes de 130 plantées en X (clouer en biais des deux côtés). Poser les rondins transversaux à environ 30 cm les uns des autres, et les clouer avec des pointes de 100 plantées en X. Ils peuvent, pour des raisons esthétiques, dépasser plus ou moins les poteaux horizontaux.

Installation des plantes de la pergola

On a le choix entre différentes plantes grimpantes, selon l'emplacement et l'utilisation prévus. Remplir de bonne terre un trou de plantation d'environ 40 cm de profondeur et 30 cm de diamètre. Un petit grillage ou un croisillon protégera les plantes des pas maladroits. Durant la première phase de croissance – plus tard si nécessaire – attacher les nouvelles pousses des plantes grimpantes à l'ossature de la pergola. Ceci les protégera des blessures éventuelles, et les aidera dans leur croissance.

Plantes grimpantes offrant de l'ombre

Le polygonum et le houblon poussent vite et sont bien couvrants. Le houblon gèle en hiver et repart au printemps. Le polygonum pousse chaque année très vigoureusement; on doit le tailler pour maîtriser sa croissance.

Plantes grimpantes donnant des fruits

Vigne (variétés résistantes aux maladies cryptogamiques), actinidia (kiwi), ronce sans épine.

Plantes grimpantes offrant couleurs et parfums

Plusieurs variétés de clématites, en particulier les clématites *montana*, différentes variétés de chèvrefeuilles, les roses grimpantes, la glycine, mais aussi les plantes grimpantes annuelles comme les formes cultivées de liserons (ipomée).

On peut commencer la pergola le long d'une terrasse ou au-dessus d'un chemin, et la prolonger pour obtenir une allée de verdure. Dans ce cas, on ne clouera pas les poteaux horizontaux directement sur les verticaux, mais sur des chevrons reliant deux à deux les poteaux verticaux se faisant face. Cette technique donne plus de stabilité à la pergola et permet des formes multiples. Les chevrons doivent avoir sensiblement la même grosseur que les poteaux verticaux, et les dépasser d'environ 15 cm de chaque côté.

La pergola en forme de parasol

Matériaux

- *1 poteau de 2,70 m* x *12 à 15 cm (pilier central)*
- *8 poteaux de 2,30 m* x *8 à 10 cm (pour la circonférence)*
- *8 poteaux de 2,50 m* x *6 à 8 cm (pour la charpente)*
- *24 rondins de 2 m* x *4 à 5 cm (pour le toit)*

(alternative: 24 lattes de toit, ou 50 m de hauban)

C'est une variante esthétique du modèle de base avec un toit en forme d'ombrelle. La pergola para-

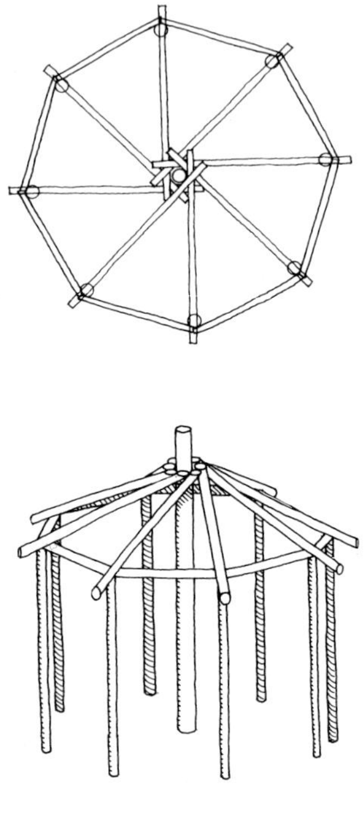

La pergola en forme de parasol : technique de montage

sol peut orner la terrasse d'une maisonnette de jeu ou, placée au-dessus du bac à sable, le protéger du vent et du soleil.

Construction
Enfoncer le pilier central de 50 cm dans le sol. Placer les 8 autres piliers de manière à former un octogone régulier. Clouer les poteaux de la charpente sur le pilier central et sur ceux de la périphérie. Clouer ensuite perpendiculairement les rondins du toit à 25 ou 30 cm les uns des autres. La pergola en forme de parasol offre une structure idéale pour des plantes grimpantes, et on peut y installer les plantes citées précédemment.

L'AMPHITHEATRE

Maisonnettes, tonnelles de verdure et grottes entraînent les enfants, seuls ou en petits groupes, dans de multiples jeux de rôle et de nombreuses initiatives créatives.

La mise en place d'un amphithéâtre donne aux groupes d'enfants plus importants un cadre spatial pour des animations collectives de plein air. Sa réalisation doit satisfaire à plusieurs critères : créer un espace ressemblant à une scène, pouvoir s'asseoir tout autour, être distinct du reste du terrain.

Matériaux
par mètre linéaire :
- *1 m³ de terre d'excavation*
- *10 rondins (douglas, mélèze, acacia) de 75 cm x 10 cm*
- *0,3 m² de rondins de pavage*

Construction
On peut, pour créer un espace de jeu en forme d'amphithéâtre, partir d'un bac à sable abandonné ou d'un coin jusque-là peu fréquenté.

Une fois le cadre du bac enlevé, il n'est pas rare qu'une dalle pavée ou bétonnée apparaisse ; elle peut être utilisée comme surface de

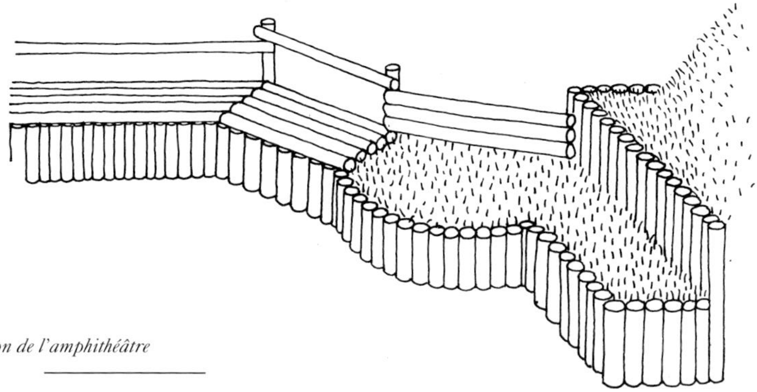

Construction de l'amphithéâtre

base. Les « murs » seront constitués de remblais de terre qui pourront avoir environ 1,20 m de largeur à leur base et 40 cm au sommet.

Du côté « scène », tailler deux marches, les maintenir verticalement par des rondins et en recouvrir la partie horizontale avec des pavés de rondins (bois debout). Enfoncer les rondins du niveau inférieur de 45 cm dans du béton (voir p. 30, étape 1) et ceux du rang supérieur de la même profondeur dans le remblai compacté. Poser les rondins de pavage sur une couche de sable de 5 cm, en laissant un espace d'environ 1/2 cm entre chaque rondin.

L'arrière du remblai sera ensemencé d'herbe, ou planté d'espèces vivaces ou de massifs de fleurs.

On peut construire un amphithéâtre sans bois, il coûtera moins cher et répondra tout autant à des critères écologiques et esthétiques. Les marches, taillées dans les buttes préalablement tassées, seront ensemencées avec un gazon résistant au piétinement. Après l'avoir tondu deux fois, on pourra s'y asseoir ou y jouer.

S'HABITUER A « LA GRANDE MAISON »

Que font les enfants, lorsqu'ils se construisent des huttes et des repaires ? Quelles images et quelles pensées les habitent, lorsqu'ils se glissent entre leurs quatre murs à eux ? Quelles répercussions ont une maison préfabriquée et une cabane construite soi-même sur leur manière de jouer, sur leur conception de l'espace, sur leur façon de s'appréhender eux-mêmes ? Jusqu'à présent, parents et éducateurs ne se sont guère posé ces questions.

En général, les constructions en bois sont absentes aussi bien des cours d'écoles, que des terrains de plein air des jardins d'enfants et des garderies.

Les quelques remarques qui suivent éclaireront la valeur ludique des cabanes, tanières et cavernes, et leur portée pour le développement de l'enfant. Le but étant d'aider les adultes à soutenir et accompagner les enfants dans leur installation dans la « grande maison du monde ».

Les enfants ne sont pas de purs esprits, mais des humains de chair et d'os. Leur corps est la maison dans laquelle ils habitent. Leur peau, leurs bras, leurs jambes, leurs sens, leur corps tout entier constitue l'espace dans lequel ils se trouvent, à partir duquel et avec lequel ils explorent et contactent d'autres « espaces », qu'il s'agisse d'objets ou d'êtres vivants.

Bien entendu, ceci reste vrai pour l'adulte. Mais, entre lui et l'enfant, une différence essentielle subsiste. L'adulte a su, dans bien des domaines, s'adapter aux règles de la société et du monde. Les enfants, quant à eux, entreprennent leurs premières tentatives d'exploration dans des espaces restreints, dans des lieux intimes comme la maison familiale, l'espace proche qui l'entoure et le jardin d'enfants.

S'il est vrai que pour l'homme en général « la maison est notre premier Tout, un cosmos dans le plein sens du terme » (G. Bachelard), cela s'applique également au développement de la personnalité des enfants: ils s'enracinent dans des espaces, ils ont besoin de lieux dans lesquels ils peuvent sentir une ambiance sécurisante, s'orienter et développer leur propre identité. Ces espaces forgeront leur développement psychique et physique.

La perception de l'espace vital passe aussi par la vie en commun. A la maison ou dans les garderies, les enfants cohabitent « sous un toit » avec d'autres enfants ou adultes.

Les cabanes de jeu offrent aux enfants des espaces de liberté, dans lesquels ils peuvent faire leurs propres expériences sociales et écologiques, indépendamment des interventions éducatives des adultes. Entre leurs quatre murs, les jeux sociaux, l'exercice de tâches pratiques telles que cuisiner, cuire, nettoyer et manger revêtent une intensité et une qualité sociales et affectives qui renforcent à la fois la prise de conscience de leur Moi et leur aptitude à vivre avec d'autres.

On peut en conclure que les lieux de vie, de jeu et d'apprentissage des enfants ne sont pas de simples lieux de séjour, mais que, bien au-delà, ils déterminent la manière dont les enfants vont pouvoir expérimenter et accepter leur environnement et leur personnalité.

L'implantation des espaces de jeu à proximité de la maison familiale et de l'école permet aux enfants non seulement de les utiliser facilement, mais aussi de participer à

Une cabane dans un arbre ; quelle aventure !

leur aménagement. Les exemples de construction présentés dans ce livre peuvent être réalisés avec les enfants au cours de programmes d'animation.

Le tipi en saule fera par exemple partie d'un projet sur les indiens. On pourra lier une cabane de jeu à un thème sur l'habitat. La boutique en plein air se transformera, selon les besoins, en stand de primeur, en magasin de poupées, de vaisselle, en librairie, etc. Les marchandises pourront être récupérées sur les marchés aux puces, les marchés aux légumes, au cours d'opérations de collecte ou d'autres projets de ce type. La recherche, la collecte, l'exposition, l'échange de ces marchandises seront l'occasion de relations multiples entre l'intérieur et l'extérieur (maison/terrain).

Bien entendu, l'installation d'aires de jeu ou de cabanes ne signifie pas que l'on va aménager un espace de jeu « figé » une fois pour toute, auquel on ne peut rien changer. Par leur curiosité et leur besoin d'agir, les enfants sont bien plus intéressés par un travail qui se poursuit et par la métamorphose des constructions réalisées. Nul besoin d'un design sophistiqué, ni d'éléments tout prêts. Les enfants sont davantage stimulés par des matériaux et des objets qui permettent d'autres actions créatives ou qui, en tant qu'objets usuels, peuvent aider à animer des jeux de groupe.

Les matériaux suivants sont particulièrement bien adaptés à la construction de cabanes : tissus, cordes, cartons, peintures, planches (chutes de bois, écoins, planches de second choix, planches brutes), lattes de toiture, rondins, sections de troncs d'arbres, canisses, sable mélangé à du ciment, de l'eau et des pierres, terre combinée avec de la paille, de l'herbe et des matériaux de tressage.

Si la place disponible est suffisante, on organisera un chantier à l'extérieur avec un abri pour bricoler, un chevalet pour scier, un établi et un endroit pour entreposer les matériaux. Normalement on n'a pas besoin d'une montagne de matériaux, mais plutôt d'un stock de matières premières de base et d'objets simples.

Les enfants peuvent donc aménager leurs cabanes de jeu, les rénover, les agrandir et les transformer, seuls ou dans des actions en commun avec les adultes. Des détails comme une plante grimpante, un petit parterre, de simples étagères murales, un vieux tapis, un pot de fleur ou une corbeille de fleurs arrangées par les enfants, créent une ambiance sympathique et une atmosphère stimulante.

Si l'on veut développer chez l'enfant la ténacité et l'esprit d'initiative, il faut préférer à tout produit fini les matériaux de base évoqués plus haut. Ils ne doivent pas être perçus comme de la matière inerte, mais être ressentis par leur forme et leur texture comme « vivants ».

Le fait de ne pas utiliser de matériaux traités sensibilise au facteur temps, à la transformation et au caractère éphémère propres à la nature et à la culture.

Lorsque les adultes laissent les enfants exprimer leur créativité, ils ne perçoivent plus leurs constructions comme un dérangement de l'ordre et une agression esthétique. Ils accepteront tout simplement que les enfants construisent d'une manière différente de la leur, avec un enthousiasme tout aussi grand.

LE SAULE MAGIQUE

VITALITE DU SAULE

Voici le saule, le grand magicien parmi les arbres et les arbustes. Riche de plus de trois cents espèces, il s'habille de mille manières. Boule dorée, le saule pourpre appelle, au printemps, le soleil sur la terre. La longue crinière du saule pleureur évente de son ombre fraîche les chaudes journées estivales. Immense comme une tour, le saule blanc brave les bourrasques d'automne. Par sa couleur jaune, le saule du vannier retient la lumière du soleil et réchauffe, en hiver, notre regard.

Le saule fascine tant par sa capacité à se métamorphoser que par sa manière de vivre. Il aime l'eau, mais s'installe aussi en pionnier, avec témérité, dans les ravins secs, dans les fissures des cours bétonnées, sur les bordures de chemin et les lisières de prés. Solitaires, mâles et femelles communiquent par le vent et les abeilles.

Plante pourtant sauvage, le saule est cultivé par l'homme depuis plusieurs millénaires. Avec ses tiges souples on construit des murs en torchis et des clôtures, on tresse des corbeilles et des meubles. Ses branches et ses troncs sont utilisés comme haies vives pour consolider les talus et les rives. Bien longtemps avant la découverte des remèdes chimiques, les écorces séchées des rameaux de trois ans servaient à faire tomber la fièvre et à apaiser les maux de tête.

Avec l'évolution des techniques et des modes de vie, le saule n'a plus sa place dans les produits manufacturés industriels. Sa vitalité sans égal lui offre cependant l'occasion d'une renaissance dans les aires de jeu et les espaces de plein air. Avec ses troncs, ses branches et ses rameaux, on construit des huttes, des tentes, des pavillons et des tunnels vivants qui ne nécessitent ni soin ni entretien.

Les exemples de construction en saule proposés ici invitent à des réalisations créatives. Enfants et adultes s'y laisseront envoûter par le charme d'espaces de jeu devenus vivants.

LA MAGIE DU SAULE PAS A PAS

Le manche à balai de « l'apprenti sorcier » de Goethe était certainement un bâton de saule. Pareille à ce dernier, la branche de saule est encore vivante une fois coupée du tronc. Même si elle est taillée à la hache ou sciée à plusieurs reprises, sa force vitale ne la quitte pas. Quand on met des tiges de saule en terre, elles s'enracinent et donnent de nouvelles feuilles et pousses.

Cette aptitude à la reproduction végétative trouve de multiples usages. Les tiges d'une ou plusieurs années sont coupées durant la période de repos végétatif (de début novembre à fin février), et entreposées à l'ombre. Les pousses latérales sont éliminées dès que possible : seules les tiges non ramifiées poussent bien et développent, dès la première année, de nouveaux rejets robustes. En cas de stockage prolongé, les tiges seront recouvertes de feuillages ou de brindilles pour éviter qu'elles ne se dessèchent.

Mise en place des boutures de saule

La meilleure période pour planter les boutures est celle qui va de début novembre à fin avril ou début mai. Choisir les jours où il ne gèle pas et où il ne pleut pas trop. Avant de les mettre en terre, raccourcir les pousses d'un an et les tiges les plus fines (moins de 2 cm de diamètre) d'environ 5 cm, avec un sécateur. Pour les tiges de plusieurs années, plus grosses, retirer l'écorce à l'aide d'un gros couteau, sur une longueur de 10 à 15 cm. Ces opérations favoriseront leur alimentation en eau et en substances nutritives et donc leur croissance. Le coup de sécateur et l'écorçage permettront de juger de la vitalité du saule. Si la coupe ou le bois dépourvu d'écorce ont une couleur marron, c'est que les tiges sont déjà sèches, donc inutilisables. Le risque de dessèchement n'existe que lorsque les tiges restent longtemps exposées à la lumière du soleil. Il est écarté si on les garde à l'ombre.

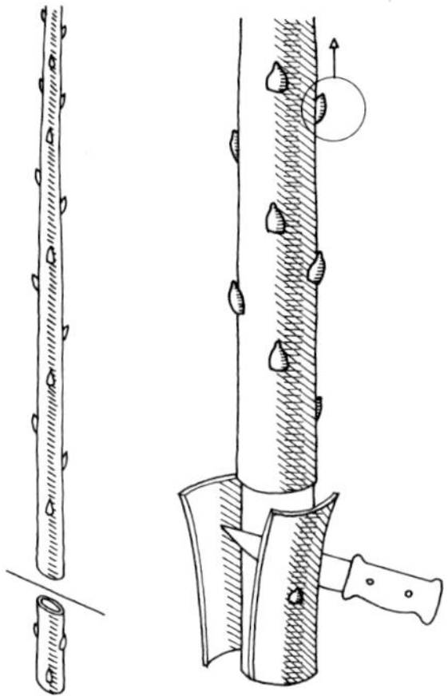

A gauche jeune bois, à droite bois de deux-trois ans.

Il est essentiel, pour l'enracinement et la croissance des tiges de saule, de veiller au bon rapport entre leur longueur et la profondeur à laquelle on va les planter. En règle générale, on peut dire que plus elles dépassent de la terre, plus la tranchée de plantation doit être profonde. Il est souhaitable de respecter les profondeurs minimales suivantes :

– environ 20 cm pour des tiges de 25 à 30 cm,
– environ 30 cm pour des tiges de 30 à 70 cm,
– environ 40 cm pour des tiges de 80 à 1,60 m,
– environ 50 cm pour des tiges de 1,70 m à 2,30 m,
– environ 60 cm pour des tiges de 1,80 m à 3 m,
– environ 70 cm pour des tiges de 3 à 4 m.

Une fois mise en terre à la verticale ou légèrement en biais, une tige

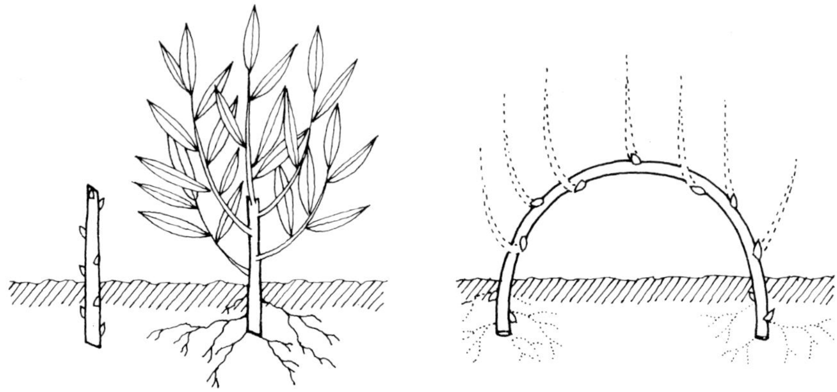

Mise en place des pousses de jeune bois.

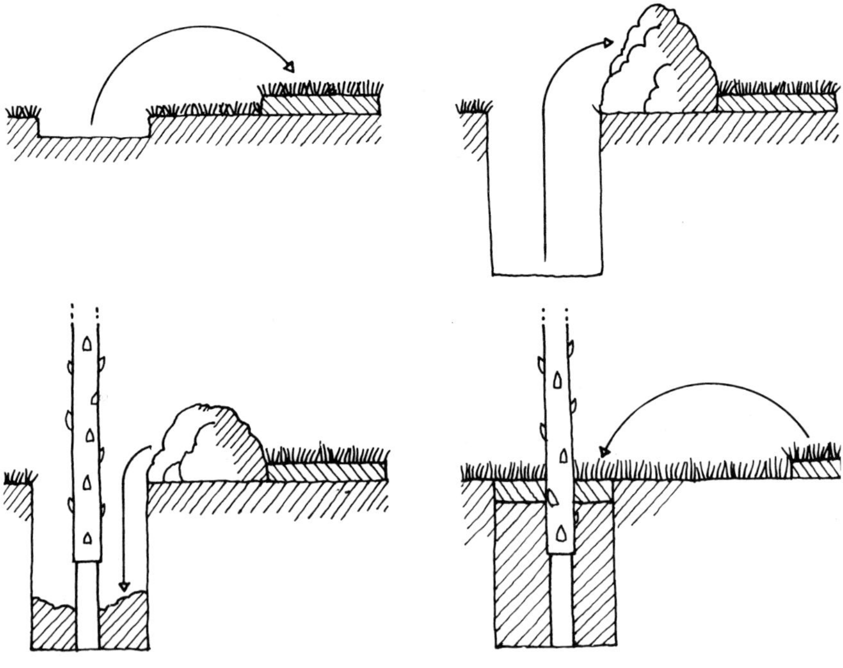

Tranchée de plantation pour les tiges de plusieurs années.

de 3,50 m émergera donc de la terre d'environ 2,80 m. Les tiges doivent toujours être plantées par le gros bout pour qu'elles puissent croître et faire des pousses conformément au sens de leur croissance naturelle. S'il est difficile de distinguer le gros bout à l'œil, les éventuels bourgeons naissants ou le départ des branches peuvent fournir une indication : la pointe des bourgeons et le départ des branches sont dirigées vers le haut.

Pour planter plusieurs tiges alignées, ou en cercle, creuser une tranchée de la largeur d'un fer de bêche dont la profondeur sera déterminée à l'aide des chiffres cités plus haut. Enlever le couvert végétal éventuellement présent sans le mélanger avec le reste de la terre. Remblayer le fossé en deux ou trois fois avec la terre d'excavation, en tassant chaque couche autour des tiges à l'aide de rondins.

Si le terrain est très compact ou plein de gravats, il ne faut pas renoncer pour autant. Dans ce cas, et seulement dans ce cas, il suffit de prendre des tiges un peu plus longues et de creuser une tranchée plus profonde d'environ 30 cm. Pour les tiges les plus grosses on pourra creuser un trou à l'aide d'un pieu en fer. Même dans ces conditions de sol peu favorables, le tipi ou l'igloo de saule se développeront.

Plantées ainsi, boutures et tiges grandiront superbement et n'auront pas besoin d'arrosage. Elles seront si profondément enterrées qu'elles ne dépériront pas, même en cas de sécheresse prolongée.

PALISSADE ET TUNNEL EN SAULE

Sur l'aire de jeu, les enfants ont besoin de se soustraire au regard des adultes et de ne pas être dérangés quand ils sont au creux de leur bac à sable. La mise en place de haies et de buttes répond à ce besoin. Une haie classique n'assurant une réelle protection qu'au bout de plusieurs années, il est sage de la compléter – voire de la remplacer – par une clôture vivante en saule.

Matériaux

– par mètre linéaire de clôture : 4 tiges de saule de 1,20 m de long et de 2 à 10 cm de diamètre

– pour 10 mètres linéaires de clôture : 50 tiges de saule de 2 m de long ou d'autres branches plus longues.

Construction

Planter les tiges dans une tranchée d'environ 40 cm de profondeur. Leurs pousses se développeront surtout dans le tiers supérieur. Pour que la clôture soit feuillue dans sa partie basse, il faut intercaler des pousses d'un an, longues d'environ 20 cm et émergeant de la terre de 5 cm. Pour plus de sta-

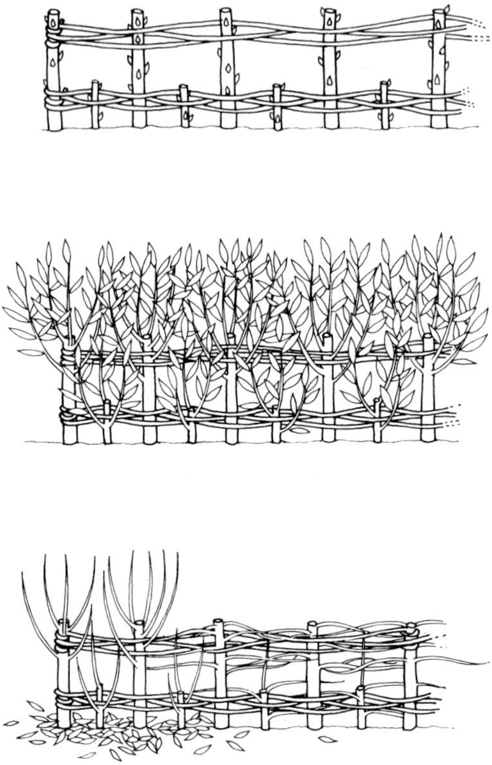

Evolution de la haie tressée.

bilité, des branches seront tressées comme indiqué sur le dessin.

Au cours de la première année, des pousses de 50 à 80 cm se développeront. Après la chute des feuilles (à partir de novembre) les tresser à l'horizontale dans la partie supérieure et inférieure de la clôture, comme sur le dessin, ou les attacher à peu près horizontalement avec des ficelles. Au cours de la deuxième année, ces tiges produiront de nouvelles pousses et la clôture deviendra plus dense et plus solide. Cette opération pourra être répétée les deux ou trois années suivantes.

La forme, la hauteur et la largeur souhaitées pour la clôture seront obtenues par la taille, qui peut être plus ou moins sévère en toute saison. Pour obtenir une jolie variante, planter les premières tiges de la clôture non pas verticalement mais inclinées dans la tranchée. Utiliser pour cela des perches de 4 à 8 cm, les croiser dans leur quart supérieur, et les attacher avec des cordes ou des ficelles de chanvre. Ainsi inclinées, elles se ramifieront de leur base jusqu'au sommet.

Des tiges de saule ayant jusqu'à 12 cm de diamètre permettent de créer, sur des aires de jeu plus ou moins grandes, des cachettes et d'attractives petites clairières. Si elles sont plantées irrégulièrement en forme de cercle ouvert, un petit taillis va pousser, avec en son centre une sorte de clairière.

En donnant une allure de spirale à cette clôture, on obtiendra une espèce de labyrinthe dont le cœur invitera à y faire une petite halte.

Le tunnel de saule pour courir

Matériaux

– par mètre linéaire : une dizaine de tiges de saule de 2 à 2,50 m de long et de 2 à 3 cm de diamètre
– ficelle de chanvre

Planter les tiges dans deux tranchées parallèles distantes d'environ 1 m, à 20 cm les unes des autres. Entrelacer et attacher avec une ficelle les parties supérieures qui se font face. Le tunnel peut être renforcé sur les côtés avec du saule tressé.

Comme dans le tunnel pour ramper (voir p. 44), plier, attacher et tresser les nouvelles pousses en hiver entre les arcs. La base peut être épaissie par des tiges de saule plus courtes dont on tresse et attache également les pousses. Recouvrir le sol de matériaux tels que du mulch d'écorce, de la sciure, du sable, du gravier, ou des feuilles.

En utilisant des tiges de deux ou trois ans et de 3 à 4 m de long, on peut aussi couvrir d'un toit en saule (voir p. 87) un petit espace de jeu creusé dans la terre.

La haie de saule en arceaux

Matériaux

– par mètre linéaire : 5 à 6 tiges d'un an, de 2 m de long, assez grosses, mais encore très souples
– cordes ou ficelles

Les jeux créatifs avec le saule ne connaissent presque aucune limite. L'aptitude des tiges à prendre racine par les deux bouts, si on les plante en arc dans la terre,

Toutes les formes sont possibles pour les clôtures.

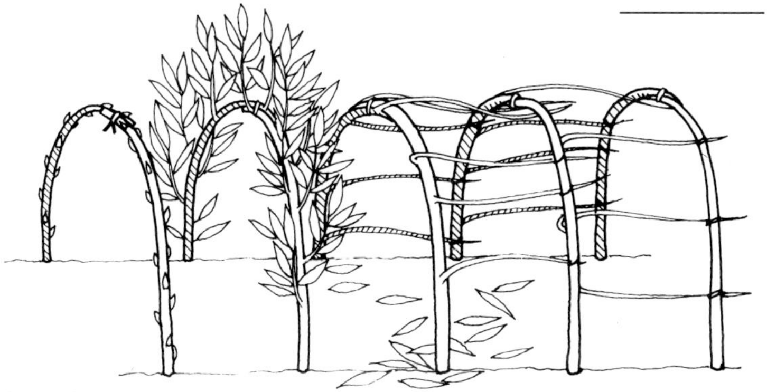

Le tunnel pour courir.

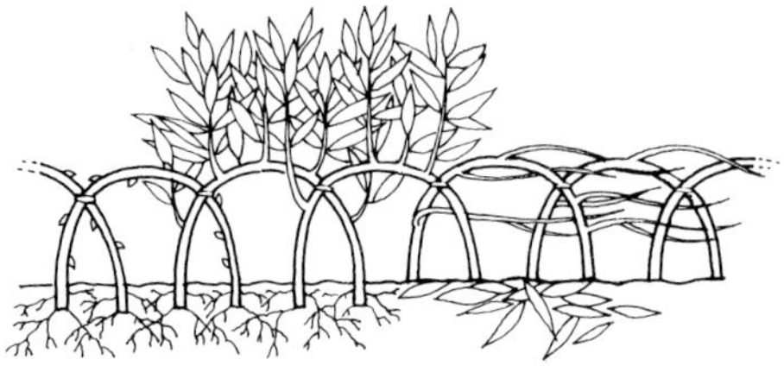

La haie de saule en arceaux.

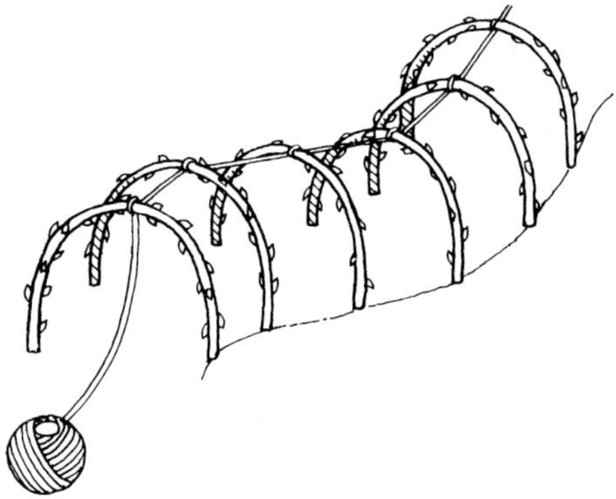

Le tunnel pour ramper.

permet de réaliser des clôtures en arceaux originales. Les pousses des tiges courbées se développent surtout au sommet de l'arc.

Le tunnel pour ramper

Matériaux

– par mètre linéaire : 5 à 6 tiges de 2 à 2,50 m de long, assez grosses mais encore souples, au maximum de deux ans

– cordes ou ficelles en chanvre

En mettant en terre les tiges en arceaux à 15 ou 20 cm les unes derrière les autres, on va créer un tunnel vivant pour ramper. Des tiges seront tressées de chaque côté pour renforcer sa stabilité et l'effet tunnel. Il deviendra plus dense et plus sombre si, les premières années en hiver, les nouvelles pousses sont rabattues pour les tresser dans les arceaux.

On peut concevoir le tunnel avec des sections de différentes hauteurs, ou même lui donner l'allure d'un dragon de saule en le taillant avec précision. Une autre variante ludique consiste à tresser les deux tiers du dragon avec des tiges puis à les recouvrir avec un mélange terre/paille ou terre/foin (voir p. 51). Le dragon en saule poussera dans le tiers supérieur restant.

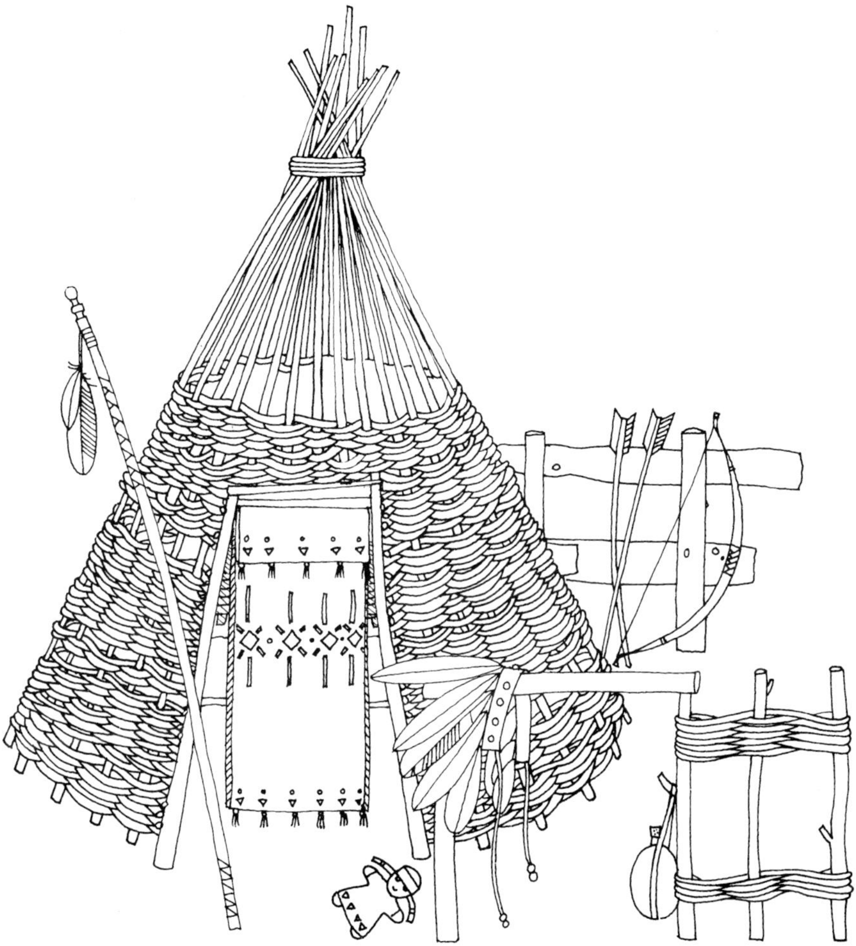

LE TIPI EN SAULE

Matériaux

– 15 perches de saule d'environ 3,50 m de long et 5 à 10 cm de diamètre
– 16 perches de saule de 2,50 m à 3,50 m de long et 3 à 5 cm de diamètre
– 3 bottes de saule à tresser

La forme du tipi est inspirée de celle des tentes des indiens des prairies. A la différence de ceux des nomades, conçus pour être déplacés, le tipi en saule prendra racine, et se transformera en une

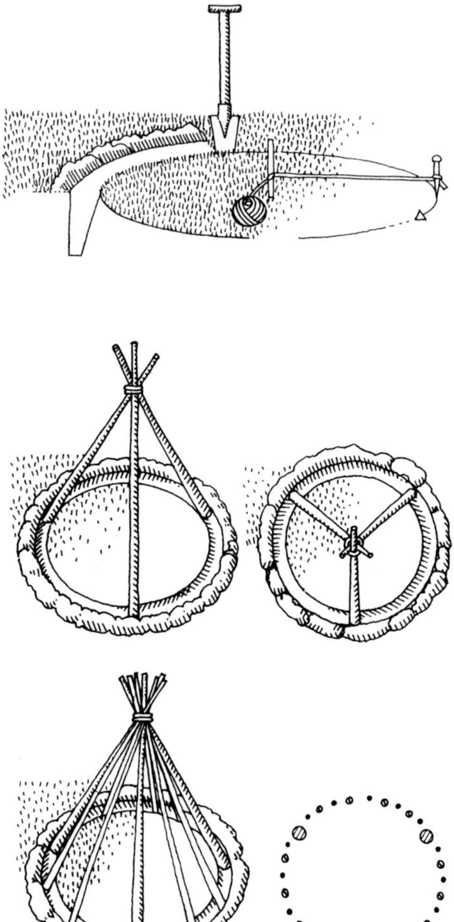

Les différentes étapes de la construction du tipi.

tente vivante et verdoyante. Il est constitué d'une ossature de perches et de matériaux tressés. Selon les matériaux disponibles, son diamètre à la base peut varier de 1,50 m à 3 m. Cette tente indienne de verdure peut être construite de novembre à début mai. Supprimer soigneusement toutes les ramifications des perches de la charpente.

Etape 1 : marquage et creusement de la tranchée de plantation

Tracer à l'emplacement prévu un cercle du diamètre choisi, 2,50 m par exemple, en opérant comme indiqué sur le dessin. Puis marquer le cercle avec du sable. Le long de ce dernier, creuser une tranchée d'environ 60 cm de profondeur et suffisamment large pour que la terre des couches plus profondes puisse être ôtée avec une pelle. L'emplacement correspondant à l'entrée, d'environ 50 cm de large, ne sera pas creusé.

Etape 2 : mise en place des trois perches principales de l'ossature

Commencer par planter les trois perches les plus robustes. Les attacher avec une ficelle ou une corde solide là où elles se rejoignent. Veiller à ce que le point où elles se croisent se trouve à peu près au-dessus du centre du cercle, sans quoi le tipi prendra une allure plus ou moins penchée, comme couché par le vent.

Puisque les pousses vont être particulièrement vigoureuses sur le tiers supérieur des perches, il faut veiller à ce que leur extrémité ne dépasse pas de plus de 25 cm leur point de croisement. La pointe du tipi doit être aussi petite que possible pour que les pousses puissent se développer dans la partie basse.

Etape 3 : mise en place des autres perches et remblayage de la tranchée

Placer trois autres perches dans la tranchée entre celles déjà présentes, et les attacher au point de croisement du sommet. Ajouter ensuite les autres. En fonction des disponibilités, elles peuvent être de la même longueur ou un peu plus courtes que les premières, mais doivent dépasser du sol d'au moins 1,50 m. Les pousses vigoureuses qui se développeront sur le tiers supérieur du tipi devront être attachées à son sommet dès la fin de l'été.

Au sol, les perches seront distantes de 25 cm les unes des autres. Si nécessaire, on peut combler un écart de plus de 30 cm en intercalant des tiges plus courtes. Elles peuvent être raccourcies ou rabattues lors du tressage quand l'espace entre les perches de l'ossature deviendra trop étroit et commencera à rendre le travail du tressage trop difficile.

Pour finir, remblayer le fossé par couche successive et tasser autour des perches à l'aide de rondins. La dernière couche sera tassée uniquement avec les pieds.

Etape 4 : tressage autour des perches de l'ossature

Les perches de l'ossature produiront, entre le printemps et l'automne, des pousses qui, selon la qualité du sol, pourront atteindre jusqu'à 1 m de longueur. Après

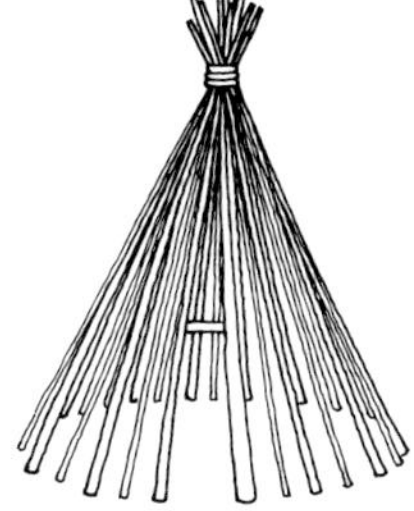

cette première phase de végétation, courber ces nouvelles pousses comme indiqué pour la clôture tressée, et les tresser ou les attacher entre les perches. Cette opération peut être répétée au cours des deux ou trois années suivantes. Durant la première année de végétation, les enfants ne devraient pas secouer les perches de saule ou se glisser constamment entre elles, au risque

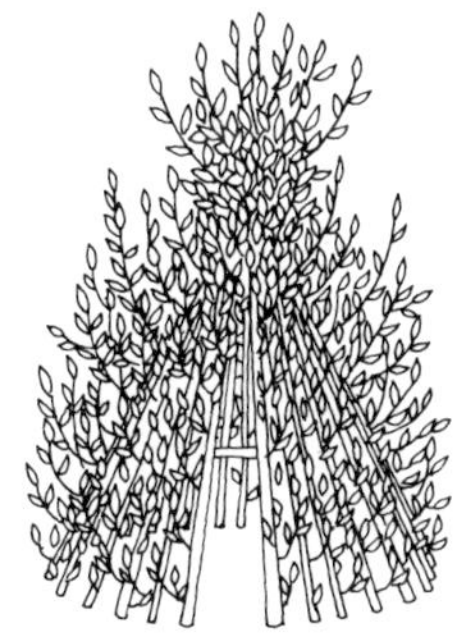

de perturber leur enracinement et d'arracher les nouvelles pousses.

Dans la mesure où l'on dispose de petits rameaux de saule d'un an, de tiges de noisetier, de cornouiller sanguin ou d'autres petites tiges assez souples, on les tressera entre les perches du tipi jusqu'à une hauteur d'environ 1,20 m, seules, par deux ou par trois, toujours côte à côte, de manière à obtenir un travail identique à celui d'un panier d'osier. Raccourcir le plus possible avec un sécateur les extrémités qui dépassent éventuellement à l'intérieur ou à l'extérieur, de même que les éventuelles petites ramifications. Le tressage stabilisera l'ossature et l'adhérence au sol et donnera dès le début une allure sympathique au tipi.

Etape 5 : suite de la construction du tipi

Effectuer par la suite une taille annuelle du tipi en hiver. Cela évitera que les nouvelles pousses ne deviennent des branches de plusieurs années et se dégarnissent à leur base, c'est-à-dire ne produisent plus de nouvelles feuilles ni de nouveaux rameaux. Tailler toujours de façon à conserver la forme en cône. Si les branches de la partie supérieure dépassent vers l'extérieur celles de la partie inférieure, elles pousseront plus vigoureusement que ces dernières. Si on laisse se développer ce cône renversé, le tipi deviendra ajouré dans sa partie inférieure et ouvert aux courants d'air. Les pousses du sommet seront raccourcies à 20 ou 30 cm.

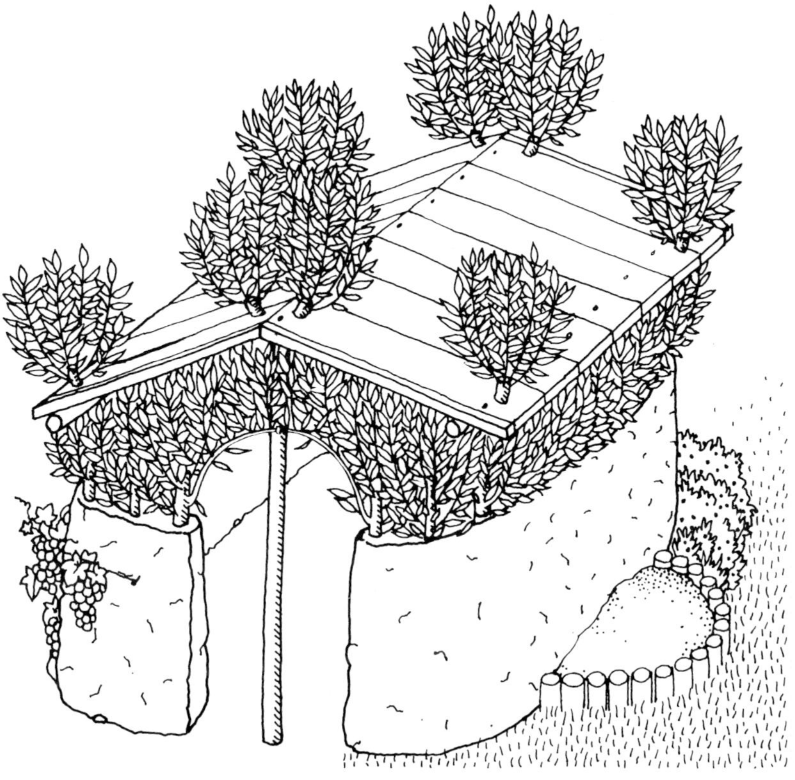

LA MAISON EN SAULE ET TERRE

La construction d'une maison en saule et terre est un projet créatif et passionnant. Là aussi on met à profit les possibilités presque inépuisables que nous offre cet arbre. A la différence du tipi, la maison doit être construite de façon à protéger des intempéries, et son intérieur aménagé comme une petite maison de jeu et d'habitation.

Maquette

La construction d'une maison en saule et terre comprenant plusieurs étapes de travail très différentes, il peut être utile de commencer par réaliser une maquette avec les enfants.

Dessiner, sur une rondelle de tronc d'arbre suffisamment grande, ou une planche d'environ 50 x 50 cm, un plan en forme de rectangle aux

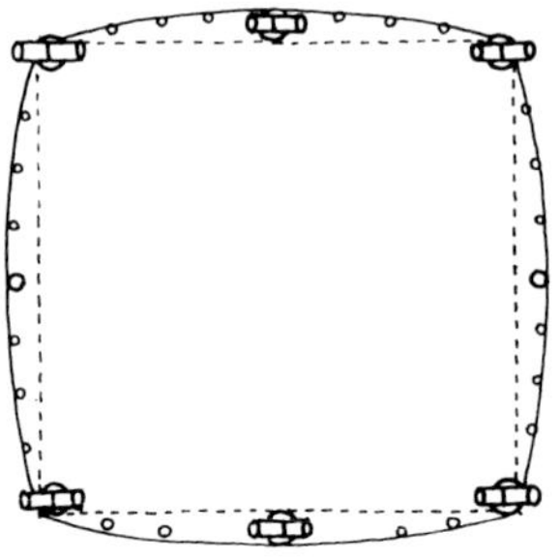

Plan au sol.

angles légèrement arrondis. A l'aide d'une perceuse et d'une mèche à bois, percer sur ce tracé un trou de 8 tous les 2 cm. Y introduire à la verticale des petits bâtonnets de saule de 15 cm de long, taillés en pointe et les enfoncer avec un petit marteau.

Pour les quatre coins, prendre des bâtonnets un peu plus gros que les autres, plus longs de 2 cm et fourchus à leur extrémité supérieure. Au milieu des côtés de la maison, enfoncer également deux bâtonnets fourchus, plus long de 5 cm que ceux des angles.

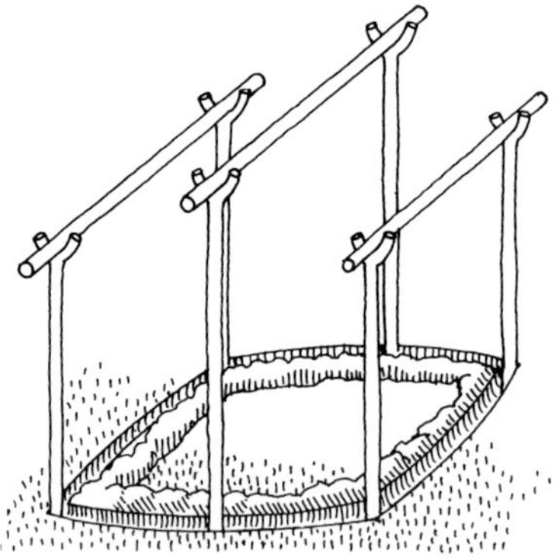

Mise en place des perches de l'ossature.

Tresser à présent les murs de la petite maison avec de petites brindilles de saule ou de cornouiller sanguin, en laissant des espaces libres pour la porte et les fenêtres.

Pour la construction du toit, poser trois petites branches de saule dans les fourches de soutien et les attacher avec du raphia ou de la ficelle. Découper deux morceaux de contreplaqué et les fixer avec des petits clous sur ces « poutres ».

La toiture à deux pentes doit dépasser des murs d'environ 2 cm.

Matériaux

– 26 perches de saule de 2,30 m x *6 à 10 cm*
– 2 perches de saule de 2,70 m x *environ 10 cm, si possible fourchues*
– 4 perches de saule de 2,50 m x *environ 10 cm, si possible fourchues*
– environ 6 bottes de saule à tresser
– 3 rondins écorcés de 3 m x *10 cm ou 3 chevrons non rabotés de 3 m* x *8 cm* x *10 cm*
– 9 m² de planches non rabotées de 3 m
– 7 m² de planches non rabotées de 2,50 m
– 2,5 kg de pointes de 65
– 12 pointes de 130
– 2 rouleaux de toile bitumée
– 500 g de rivets

Etape 1 : mise en place des perches de l'ossature

Déterminer la forme de la maison en marquant d'abord au sol, avec du sable, un carré de 2,50 m de côté. Les angles droits peuvent être estimés à l'œil, et arrondis ensuite légèrement. Creuser une tranchée de plantation de la largeur de la bêche sur environ 50 cm de profondeur. Déposer la terre d'excavation à l'intérieur du tracé des fondations.

Commencer par mettre en place les perches fourchues de l'ossature, destinées à soutenir les poutres de la toiture : à leur emplacement, approfondir la tranchée d'environ 25 cm et les placer afin que les poutres de la charpente puissent être posées parallèlement dans les fourches en V. Placer les autres perches de l'ossature tous les 25 cm. Plusieurs enfants peuvent les tenir à la verticale dans la tranchée pendant que d'autres remblaient et tassent la terre. Sauter un intervalle de deux à trois perches pour marquer l'entrée.

Etape 2 : tressage des murs

Lors du tressage des murs, veiller à ce que les petites branches soient systématiquement introduites toujours en alternance de l'extérieur vers l'intérieur. Arrêter le tressage à environ 25 cm du sommet des murs. Dans cette partie supérieure, les perches de l'ossature enverront leurs pousses vers le soleil.

Etape 3 : construction du toit

Fixer les rondins écorcés ou les chevrons dans les fourches avec deux pointes de 130. Couper les planches de la toiture à la longueur voulue (1,50 m) et les clouer en

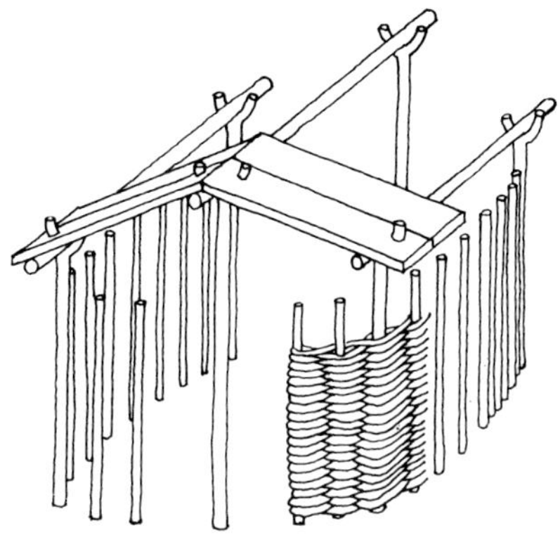

Tressage des murs, pose du toit.

s'aidant de deux échelles qu'on aura posées l'une à l'intérieur et l'autre à l'extérieur de la maison.

On peut découper de petits trous dans cette toiture, pour que les pointes des fourches puissent dépasser d'environ 5 à 10 cm et verdir au dessus du toit. Elles peuvent également être coupées de sorte que les planches du toit reposent dessus. Le toit doit dépasser les murs latéraux de la maison d'environ 15 cm. Poser la toile bitumée parallèlement au faîtage et la fixer avec les rivets.

Etape 4 : revêtement des murs avec la terre

La maison en saule et terre peut être construite entre fin octobre et début mai. L'enduit en terre pourra être appliqué durant les mois d'été. Délayer de la terre argileuse avec de l'eau dans un bac assez grand, une bétonnière ou un trou dans la terre. Cette boue argileuse aura la consistance d'une pâte à gâteau un peu épaisse. Y ajouter de la paille ou du foin hachés fins, ou, à défaut, des tontes de gazon, puis bien mélanger ces éléments. Les proportions sont environ trois parties de terre pour une de paille.

Commencer alors à appliquer l'enduit, ce qui peut fort bien prendre l'allure d'une bataille de boue : projeter le mélange terre/paille avec beaucoup de force sur les murs tressés, à l'intérieur comme à l'extérieur, de façon à ce qu'il pénètre dans les mailles du tressage. Enfoncer au besoin cette pâte avec les doigts dans les espaces vides et entre les interstices des rameaux. Pour finir, lisser le mur avec la paume de la main.

Lorsque, après quelque temps, cet enduit aura séché, de nombreuses petites crevasses vont apparaître. On les colmatera avec un enduit de finition fait de sable (éventuellement du quartz), de chaux et d'eau. Le mélange (une partie de sable, trois de chaux, et de l'eau), doit être suffisamment liquide pour pouvoir s'appliquer avec une brosse sans faire de coulures sur le mur de terre. Ces travaux de finition devront être réalisés par des adultes, avec précaution, car la chaux humide brûle les muqueuses, les yeux et les plaies ouvertes. L'enduit sec est totalement inoffensif. Dès que les ouvriers auront repris des forces, la maison pourra recevoir un plancher en bois. Le poser de la même manière que celui de la cabane de jeu (voir p. 23, étape 7).

La maison en saule et terre est une maison vivante dont les murs se garniront de verdure dans leur quart supérieur. En hiver, on pourra tresser les pousses à l'horizontale. Il se formera ainsi sous la toiture une couronne verte qui sera taillée au fil des années. Il est également possible de laisser les murs verts dépasser de la toiture.

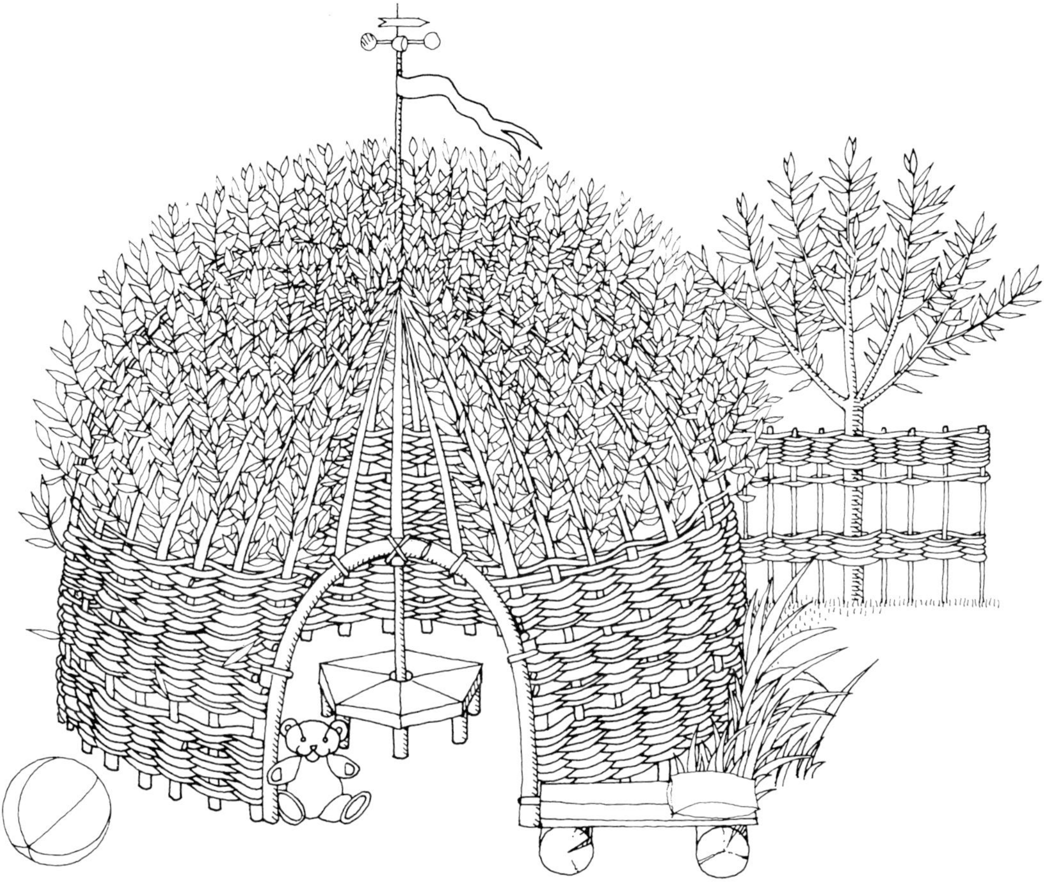

L'IGLOO EN SAULE

L'igloo en saule combine les éléments de construction du tipi et ceux de la maison en saule et terre. Réalisé avec une toiture à une pente, il prendra l'allure d'une petite hutte de jeu. Avec une coupole verte en saule en guise de toiture, il ressemblera à un petit kiosque.

Le diamètre de l'igloo sera de 2 à 3 m. Les matériaux ci-dessous correspondent à un diamètre d'environ 2 m.

Matériaux

– 20 perches de saule de 2 m x 4 cm à 10 cm

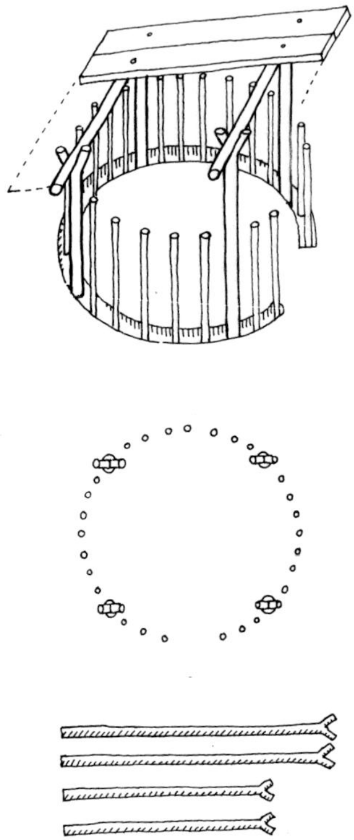

Les premières étapes de la construction de l'igloo.

– 4 perches de saule fourchues de 2,50 m x 8 à 10 cm ou 4 perches de saule de 2,50 m x 10 cm
– 5 bottes de saule à tresser (saule du vannier)
– 2 rondins de 2,50 m x 8 cm ou 2 chevrons de 2,50 m x 6 cm x 8 cm
– 6,5 m² de planches non rabotées
– 1 rouleau de toile bitumée
– 500 g de rivets
– 8 pointes de 130
– 500 g de pointes de 65

Etape 1 : plantation des perches de l'ossature

Creuser une tranchée circulaire, marquée préalablement avec du sable, sur 50 cm de profondeur et de la largeur de la bêche. L'entrée, de 60 cm de largeur, ne sera pas creusée.

Planter les quatre perches fourchues destinées à supporter la toiture, afin que les deux de devant, d'une hauteur de 1,90 m, dépassent de 30 cm celles de derrière (1,60 m de haut). Planter les autres perches à 25 cm les unes des autres, de sorte qu'elles dépassent du sol de 1,50 m. Les deux perches qui marquent l'entrée auront 6 à 10 cm de diamètre. Remblayer petit à petit la tranchée et tasser la terre au fur et à mesure.

Etape 2 : tressage autour de l'ossature

Entrelacer les rameaux aussi serrés que possible, jusqu'à 1,30 m de hauteur.

Etape 3 : pose de la toiture

Clouer les rondins ou les chevrons sur les perches fourchues, ou sur les quatre poteaux de soutien. Fixer chaque planche avec deux clous. Le toit ne doit pas dépasser les contours de l'igloo de plus de 20 cm. Arrondir les quatre angles du toit pour lui donner la forme ronde caractéristique de l'igloo. Pour finir, fixer la toile bitumée.

Les pousses grandiront surtout dans le tiers supérieur; les tresser entre les perches de l'ossature au cours des premières années.

L'igloo à coupole verte

Pour remplacer la toiture en bois, planter dès le départ 6 à 10 perches de saule de 3 m de long et de 2 à 3 cm de diamètre entre les autres, de la même manière. C'est seulement après le tressage qu'elles seront très doucement courbées en arc puis attachées.

La coupole verte de l'igloo donnera beaucoup de pousses. Celles-ci peuvent être tressées plusieurs années durant, afin d'obtenir une toiture dense comme pour une pergola.

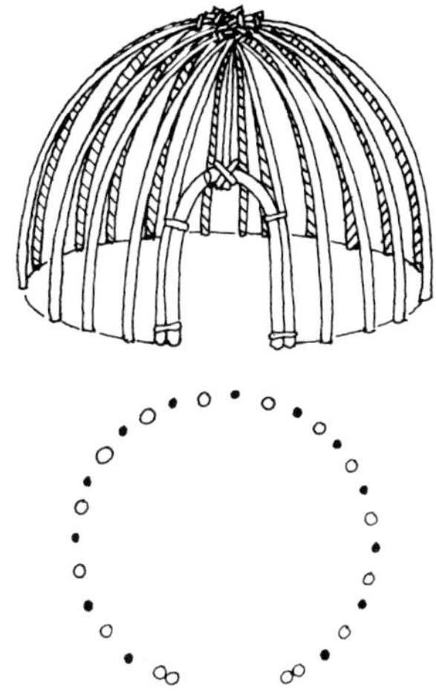

L'igloo à coupole verte.

L'igloo en saule et terre

Construire un double mur, l'un de 1 m de hauteur (mur extérieur) et l'autre d'environ 1,60 m (mur intérieur).

L'intervalle entre ces deux murs tressés, d'environ 30 cm de large, sera comblé avec de la terre, ce qui donnera à l'igloo l'allure d'une grotte.

Si l'on construit ce type d'igloo en creusant à même la pente d'une colline ou d'un talus, il ressemblera à une caverne.

On peut encore renforcer l'aspect grotte de l'igloo en creusant le sol à l'intérieur sur 30 cm de profondeur, tout en laissant le long des perches de l'ossature, un bord d'environ 30 cm de large qui pourra servir de siège.

LE SAULE, CET ARBRE EXTRAORDINAIRE

Le saule est un phénomène de la nature pouvant surprendre petits et grands. Il surprend moins comme arbre ou buisson poussant le long de berges ou de chemins, qu'une fois planté et cultivé à partir de petites boutures ou de tiges plus grosses. Dans la chambre des enfants ou la salle commune d'une école, on peut remplir un aquarium de terre et y construire un paysage de jeu miniature à partir de petites boutures. Aspergé d'eau régulièrement, il grandira sous le regard ébahi des enfants: des feuilles pointeront à travers l'écorce, des racines blanches s'enfonceront dans la terre le long du mur en verre.

Mais si l'on construit dans le jardin ou sur les terrains de jeu des cabanes, des tipis et des igloos en saule vivant, un contact enrichissant s'établira alors avec cet arbre, qui, au fil des saisons, continuera à susciter l'étonnement et la créativité, par le tressage, la taille, la mise en forme. Le tipi peut inciter adultes et enfants à repérer d'autres saules près de chez eux ou de l'école maternelle, à dessiner leur forme, à faire sécher et comparer leurs feuilles, ou à préparer des infusions avec l'écorce séchée des rameaux de trois ans.

Cet arbre nous ramène aux mythes et légendes de déesse, de fées, et aux femmes de grande sagesse qui pouvaient se métamorphoser en saule.

Par leur contact quotidien avec les éléments de jeu en saule qui ont une apparence toujours différente selon la saison, les enfants prennent conscience de sa vitalité, de sa capacité de croissance et de renouvellement, symbole des forces de la nature.

Cette approche illustre parfaitement la façon dont les phénomènes naturels touchent la sensibilité des enfants et des adultes, et comment ils peuvent provoquer des impressions et des sensations très personnelles.

Du point de vue des enfants, le saule représente le contraire de la plante à ne pas toucher. Ils construisent avec et le plantent vivant pour pouvoir ensuite l'habiter ou s'en servir comme instrument de jeu.

Même à travers cette utilisation pratique comme matériau pour jouer et construire, le saule est plus qu'un outil ludique pour les enfants : la longueur de ses rameaux, la souplesse de son bois, la couleur de son écorce, les fascineront et inspireront leurs jeux.

Le saule fournit ainsi un contrepoint à ces listes énumérant poisons et dangers, à ces panneaux d'interdiction qui réglementent dans beaucoup d'endroits l'accès des enfants aux plantes et aux arbres.

Les tiges de saule coupées chaque année invitent à fabriquer, durant l'hiver, des objets usuels et des jouets inédits. Sur une rondelle de tronc d'arbre on tressera des petits plateaux, des paniers, des tipis ou des igloos ; sur des planches en bois, seront réalisés avec d'autres matériaux naturels des fermes, des hameaux, des paysages imaginaires.

Les jouets seront fabriqués avec de petites branches de saule coupées à partir de novembre puis entreposées dans un endroit ombragé. Elles resteront souples jusqu'au mois de mai et pourront être travaillées sans trempage préalable.

Pour les bâtonnets qui doivent être plantés à la verticale ou en biais, on percera des trous avec une perceuse ou une chignole, après avoir

fixé la rondelle de tronc d'arbre ou la planche en bois sur le plan de travail à l'aide d'un serre-joint. Les petits bâtons seront taillés en pointe et enfoncés à l'aide d'un petit marteau dans les trous. Si le saule est stocké depuis déjà longtemps, les pointes pourront être légèrement collées.
Avec une récolte de rameaux abondante à l'automne, on peut tresser des paravents d'intérieur, des barrières pour les terrasses ou des clôtures de jardin.

JARDINS D'ENFANTS

DES JARDINS ADAPTES AUX ENFANTS

Jardiner avec les enfants est souvent un problème. Multiplier les recommandations ou les soins aux plantes ne résout rien. C'est dans la conception même du jardin qu'il faut chercher les solutions. On se borne en général à copier la disposition classique des planches du potager. Le jardin pour les enfants se trouve alors soit isolé en bordure de l'aire de jeu soit dans un coin retiré du terrain dans lequel il est à l'abri des dégâts accidentels mais demeure soustrait au regard des enfants.

L'objectif est que le jardinage devienne une activité à laquelle ils s'adonnent avec plaisir. Les aménagements proposés ici sont réalisables avec eux. On leur apprendra préalablement à manier des outils comme le marteau et la scie à travers des jeux de bricolage.

LE PARTERRE SURELEVE

Le parterre surélevé est un jardin miniature qui peut être aménagé sur une terrasse, un rebord de fenêtre, ou en un lieu choisi sur le terrain de jeu. Il sera construit selon le modèle des planches surélevées, bien connu en jardinage biologique. Elles sont constituées d'un cadre en bois de 1 m de large, de 80 cm à 1 m de hauteur et de longueur variable. Une fois réalisé, ce cadre, en rondins ou en planches, est rempli de couches successives de matières organiques et de terre. Pendant cinq à sept ans, il s'y déroule un processus biologique de décomposition et de transformation, source de fertilité et stimulant la croissance des plantes.

Pour le jardinage avec les enfants, cette planche surélevée devient un parterre surélevé sur lequel ils peuvent gratter la terre, semer, planter, observer et expérimenter comme sur une table de jeu.

Ce parterre surélevé, adapté aux enfants, mesurera 2 m de long, 80 cm de large (à l'intérieur) et 50 cm de haut. Les rondins auront 4 à 8 cm de diamètre. Si l'on utilise des planches, elles ne seront pas rabotées. Quatre poteaux ou rondins de 1 m de long et 8 cm de diamètre soutiendront les parois du parterre.

Matériaux

– 4 poteaux ou rondins de 1 m x *8 à 10 cm*
– 16 rondins de 2 m x *6 cm*
– 16 rondins de 80 cm x *6 cm ou 10 planches non rabotées de 2 m* x *10 cm*
– 10 planches non rabotées de 80 cm x *10 cm*

Etape 1 : le cadre

Planter les poteaux de soutien aux quatre angles pour qu'ils dépassent du sol de 50 cm. Si ce dernier est très compact ou a été comblé avec des gravats, enfoncer les poteaux dans des trous creusés préalablement et tasser vigoureusement autour.

Clouer les quatre premiers rondins ou planches afin qu'ils soient à l'extérieur, coté longueur, et à l'intérieur, côté largeur, des quatre rondins d'angle. Ainsi, les quatre poteaux restent dégagés et la partie qui émerge du sol n'est pas en contact avec la terre.

Etape 2 : creusement de l'intérieur du parterre

Creuser à l'intérieur sur environ 30 cm de profondeur sauf à proximité immédiate des quatre poteaux. Si la terre est utilisable pour le jardin, la stocker à proximité du parterre, sans la tasser. Oter et garder à part les éventuelles plaques de gazon.

Etape 3 : fixation des côtés

Clouer le reste des rondins ou des planches comme les premiers (voir étape 1).

Etape 4 : remplissage du parterre

En suivant le croquis (voir ci-dessous), remplir en commençant par une couche d'environ 20 cm de morceaux de bois relativement gros. Des chutes de poutres ou de planches, de perches d'épicéa ou de saules, des branches assez grosses et des racines peuvent être recyclées de la sorte. Quelques pelletées de terre seront ajoutées pour accélérer la décomposition.

La couche suivante, d'environ 10 cm d'épaisseur, constituée de papier journal et de carton, sera légèrement mouillée; on ajoutera à nouveau un peu de terre. Il va de

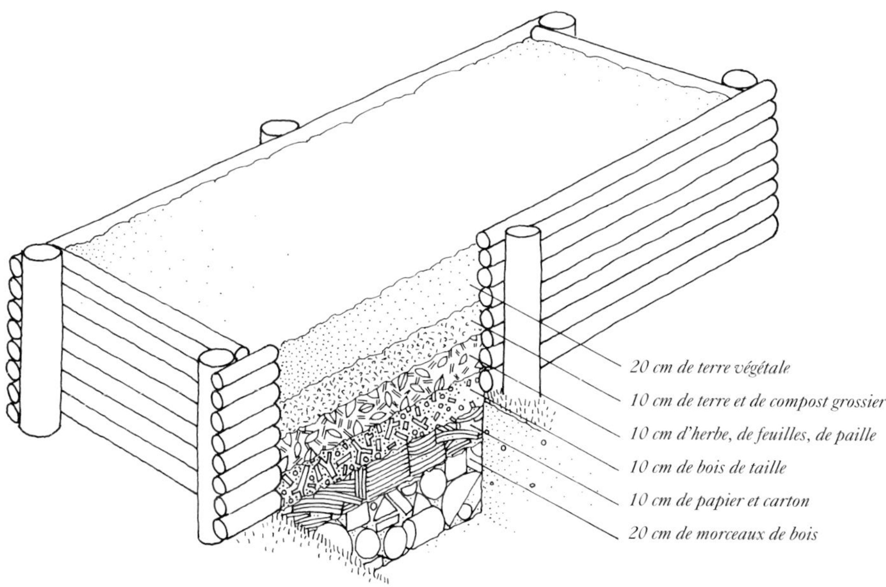

soi qu'on n'y mettra ni papier glacé ni catalogues. Les bois de taille de la couche suivante peuvent être remplacés par du broyat. Il est également possible d'ajouter des mottes d'herbe, de la paille ou des feuilles. Terminer par une couche de terre de jardin de 30 cm.

Dans le parterre surélevé ainsi rempli de couches successives de matières organiques et de terre, la décomposition va démarrer et s'étaler. Elle durera plusieurs années. Au cours de ce processus de fermentation, les êtres vivants du sol (bactéries, champignons, vers de terre et autres) vont réchauffer le sol et alimenter les plantes en éléments nutritifs. Les matériaux de remplissage en bois garantiront une aération suffisante et ne se décomposeront que lentement.

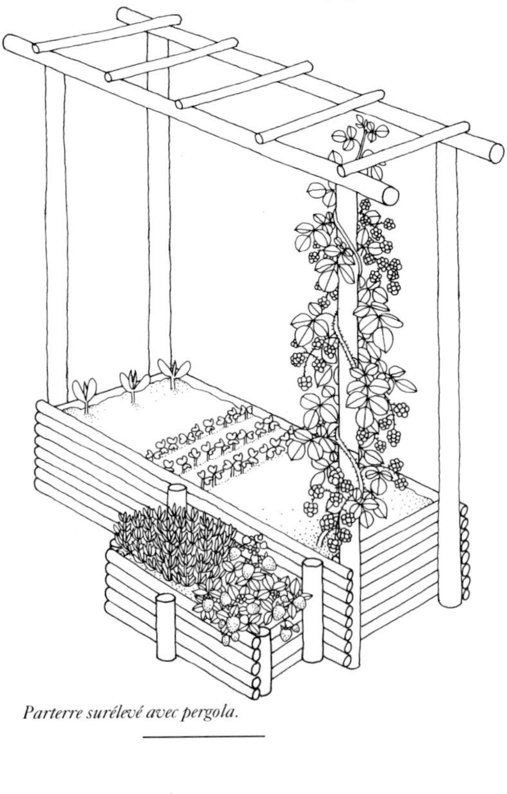

Parterre surélevé avec pergola.

Il est possible que les circonstances, le manque de matériaux ou la nature du sol obligent à remplir le parterre différemment de ce qui est proposé ici. Mais la couche de terre doit toujours avoir de 25 à 30 cm d'épaisseur.

Variantes

Le parterre surélevé peut également être construit sur une surface goudronnée, bétonnée ou empierrée. Commencer par fabriquer les deux parois de la longueur. Clouer ensuite les deux côtés de la largeur sur les quatre poteaux d'angle. Pour éviter que la terre ne s'échappe par le bas du cadre, disposer au fond de ce dernier un plastique pour mare. On augmentera la solidité de l'ensemble en l'entourant deux fois d'un fil de fer galvanisé.

Si l'on installe le parterre surélevé au bord d'une terrasse ou en limite d'un coin aménagé pour s'asseoir, on peut le recouvrir d'une pergola. Dans ce cas, les quatre rondins d'angle devront avoir 10 cm de diamètre et dépasser d'environ 2 m le niveau du sol, et de 1,50 m celui du parterre surélevé. Les deux rondins qui vont constituer les traverses de la pergola auront 2,50 m de long et dépasseront les extrémités du parterre d'environ 25 cm. Les bois du treillis peuvent être constitués de rondins de 6 cm de diamètre sur 1,20 m de long ou de lattes de toiture de 1,20 m de long qui seront cloués à intervalle de 15 cm.

La pergola pourra être horizontale ou inclinée. Une position inclinée vers le soleil est préférable pour donner de l'ombre à la terrasse. Lorsqu'elles sont orientées au sud, les terrasses se révèlent, pendant les mois d'été, être des fours qui chauffent à la fois les têtes des enfants et les espaces voisins. Dans ce cas on sèmera des plantes grimpantes telles que houblon, clématites, vigne, actinidia ou autres, que l'on pourra guider vers la façade de la maison par des fils de fer galvanisés. Ceux-ci seront fixés sur les traverses de la pergola à l'aide de cavaliers. Sur la façade de la maison ou éventuellement aux extrémités des chevrons du toit des crochets suffisamment solides seront fixés et serviront à attacher le fil tendu. Selon l'ombre souhaitée, la couverture végétale sera taillée plus ou moins sévèrement.

La forme du parterre surélevé peut varier. On peut par exemple lui donner une forme en U ou encore ajouter au modèle de base des parterres plus bas.

On créera une multitude de formes différentes en utilisant des rondins bruts plantés verticalement dans une tranchée de 40 cm de profondeur. Ils devront avoir 6 à 10 cm de diamètre et dépasser de la terre d'environ 40 cm. Leur durée de vie augmentera s'ils sont écorcés.

Le principe du parterre surélevé permet de nombreuses compositions.

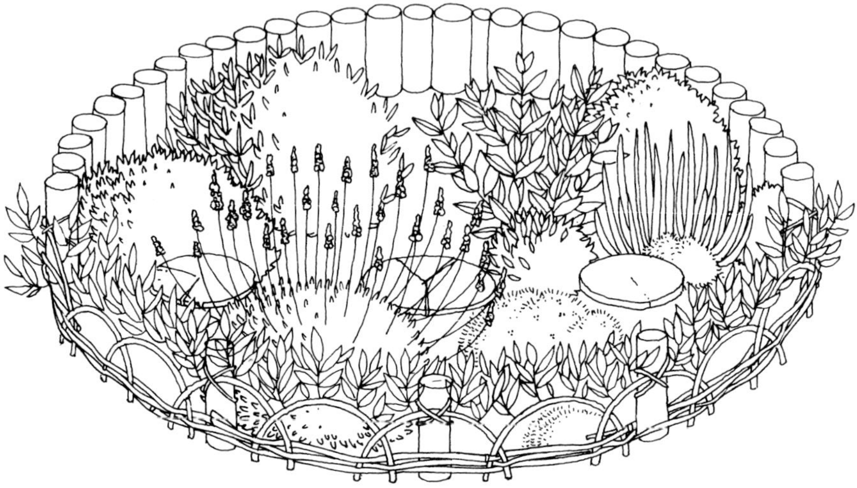

LA CORBEILLE AUX HERBES

La corbeille aux herbes est un lieu ou enfants et adultes entrent en contact d'une façon particulièrement intense avec des parfums, des saveurs, des couleurs et des formes. Elle rassemble des plantes connues de l'homme depuis des siècles telles que plantes aromatiques ou médicinales.

Le choix de l'emplacement et l'aménagement de la corbeille se feront en fonction du besoin en ensoleillement des plantes. La corbeille sera surélevée d'environ 35 cm. Ainsi, les plantes seront mieux exposées au soleil. Le tour pourra être construit en pierres sèches ou avec des briques et du mortier. Une bordure simple, attrayante et peu coûteuse est facilement réalisable avec des enfants.

Matériaux pour une corbeille de 2 m de diamètre

– 27 piquets ou rondins de 70 cm x *6 cm*
– 2 bottes de saule
– sable, terre
– herbes

Etape 1 : l'ossature

Marquer le contour du cercle avec un pieu et une corde (voir dessin p. 46), et le matérialiser avec du sable. Enfoncer les piquets ou les rondins à environ 35 cm de profondeur et 30 cm d'intervalle. Tresser entre ces piquets disposés en cercle, sur 25 à 30 cm de hauteur, des branches suffisamment longues de saule ou d'autres espèces. Tresser toujours les branches deux par deux pour augmenter la longévité. Les rameaux de noisetiers de 1 à 2 cm de diamètre conviennent particulièrement bien.

Etape 2 : remplissage et plantation

Remplir la corbeille d'un mélange à parties égales de sable et de terre. Ainsi allégée, la terre favorisera le développement des substances actives, des couleurs et des parfums. Quelques dalles posées à l'intérieur permettront aux enfants d'y accéder facilement. Veiller lors de la plantation à ce que les plantes qui poussent le plus en hauteur ne laissent pas les autres dans l'ombre. Eviter la menthe car elle développe de très vigoureux stolons et envahirait bientôt tout. De même les géants comme la grande aunée, l'armoise, la livèche devraient trouver place ailleurs dans le jardin des enfants.

LE JARDIN DES ENFANTS

En complément aux parterres de fleurs ou aux arbres fruitiers intégrés au terrain de jeu, un espace clos pour le coin jardin peut être aménagé. Il ne s'agit pas de former des minijardiniers zélés. Peut-être que, pour la première fois de leur vie, les enfants verront pousser ici des plantes qu'ils auront eux-mêmes suivies de la graine jusqu'à la récolte. Une occasion de découvrir couleurs, formes, parfums et textures de toutes sortes.

Lors de l'aménagement d'un jardin pour enfants, nous conseillons de tenir compte des indications suivantes.

– Le jardin doit être aussi ensoleillé que possible. Une orientation sud n'est pas indispensable, mais l'orientation nord est à éviter.

– Au moment où l'on conçoit le jardin, réaliser un croquis à peu près à l'échelle.

– La première étape consiste à séparer le jardin du reste du terrain de jeu par une simple clôture. Dans un petit terrain, préférer une clôture tressée à une haie classique. Si l'on dispose d'un peu plus d'espace, une haie tressée en saule ou une haie de petits fruits (mûres, framboises, arbustes à baies plantés serrés) peuvent délimiter le jardin.

– Ne pas utiliser, pour l'aménagement du jardin, d'éléments fabriqués industriellement. Plus les matériaux sont naturels et de formes variées, plus l'effet esthétique sera attractif et plus grande sera la richesse écologique du jardin.

– Les chemins et une partie des parterres peuvent être recouverts de mulch d'écorce, de broyat ou de copeaux.

– Le compost se trouvera dans le jardin des enfants ou à proximité.

– Alléger les sols lourds et argileux par un apport de sable. Les sols sableux seront enrichis en humus avec du compost et des engrais verts.

Le croquis de la page suivante montre comment un jardin pour enfants peut être aménagé d'une façon attractive sur une surface relativement petite (5 m x 3 m). Ce jardin est entouré d'une clôture tressée d'environ 70 cm de haut. La corbeille aux herbes en est le pôle d'attraction. Entre les deux parterres surélevés un banc a été intégré. Trois parterres d'environ 15 cm de haut sont disposés de manière à économiser de l'espace. Le bac à vers de terre produit du lombricompost. Le long de la clôture poussent des haricots d'Espagne, des ipomées, des vesces, des capucines, des mauves, des soucis et d'autres fleurs annuelles ou vivaces.

Le bac à vers mesure environ 1 m de long sur 50 cm de large et 60 cm de profondeur. Ses murs sont en rondins. La cloison de séparation centrale est clouée de telle manière que les vers puissent passer d'un côté à l'autre. Le sol est couvert de briques perforées ou de pierres calcaires. Ainsi les vers sont protégés des taupes et peuvent se retirer en hiver, si besoin est, dans des couches de terre plus profondes. Les deux compartiments sont remplis l'un après l'autre avec des matières organiques, y compris des restes de repas. Un apport de terre et de poudre de roche améliorera la qualité de l'humus.

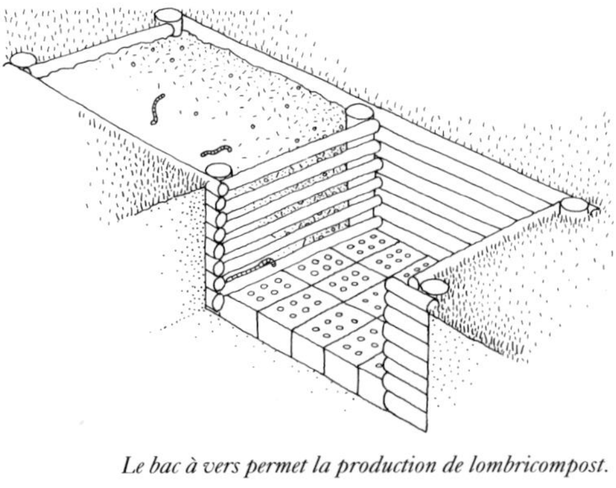

Le bac à vers permet la production de lombricompost.

Les vers de terre (notamment le ver de fumier *Eisenia fœtida*) peuvent être commandés dans des maisons spécialisées. Cependant les vers de terre locaux s'y installeront aussi et transformeront la masse organique en lombricompost de haute qualité. Une fois leur travail terminé dans un des compartiments, ils se rendront dans l'autre.

DES PLANTES POUR LES JARDINS DES ENFANTS

Les espèces et variétés suivantes peuvent être plantées aussi bien dans des petits jardins clos qu'en des endroits judicieusement choisis du terrain de jeu. Dans tous les cas il est souhaitable de planter des arbres et arbustes fruitiers de petite taille.

Arbres fruitiers

Les variétés recommandées ici sont toutes des basses tiges, c'est-à-dire des arbres qui ont été greffés sur un sujet à croissance peu vigoureuse.

Ainsi la poire Alexandre Lucas est greffée en basse tige sur un cognassier. Ce type d'arbres fruitiers donne rapidement des fruits que les enfants, même jeunes, peuvent récolter facilement. Les variétés indiquées sont faciles à cultiver et très productives.

Pommier

Jonathan rouge: pomme sucrée, juteuse, bonne à manger en automne.

James Grieve: fruit croquant, juteux, se mange à partir de fin août et peut être récolté au fur et à mesure directement sur l'arbre; se conserve jusqu'à décembre-janvier.

Reine des reinettes: la reine des pommes, chair jaune ferme, parfum très fruité, goût légèrement acidulé qui se développe seulement durant le stockage.

Belle de Boskoop: chair croquante, acidulée. Bonne conservation.

Reinette du Canada: pomme parfumée et légèrement acidulée. Bonne conservation.

Reinette Colchard: fruit juteux, sucré et parfumé. Peut se conserver jusqu'en mai.

Pour une bonne pollinisation et une récolte plus abondante, il vaut mieux planter deux ou trois des variétés citées.

Poirier

Conférence: chair ferme, juteuse, arôme développé, comestible à partir de mi-septembre directement sur l'arbre; la chair devient tendre au cours du stockage; très productive. Variété autofertile (peut être plantée seule).

Doyenné du Comice: une des meilleures variétés moins sensible à la tavelure. Doit être plantée avec une autre variété pour la pollinisation.

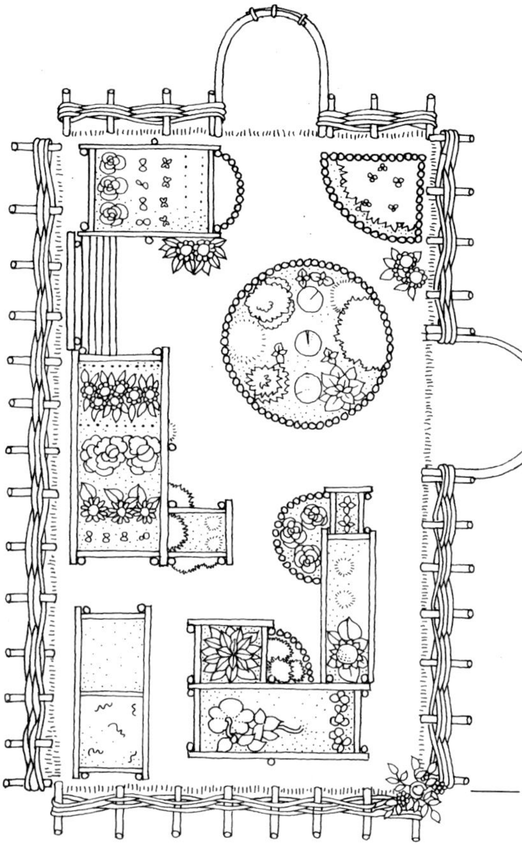

L'aménagement du jardin pour enfants.

Cerisier
Le bigarreau Hâtif Burlat mûrit précocement et produit des fruits à chair ferme et très savoureuse.

Le bigarreau Napoléon est assez tardif. La chair de cette cerise, moyennement ferme, est sucrée.

Ces deux variétés sont autostériles, mais se pollinisent mutuellement.

Néflier
Par ses fleurs le néflier nous fait penser au cognassier, c'est pourtant un arbuste fruitier local. Ses fruits bruns ne deviennent blets et comestibles qu'après la première gelée.

Cognassier
Les fruits se consomment surtout après transformation (compote, gelée ou pâte). On peut aussi en extraire le jus avec un extracteur à vapeur. Les fruits se conservent longtemps et, disposés dans des coupes, dégagent un parfum exquis.

Arbustes à baies

Groseillier et cassis
Planter des variétés rouges et blanches de groseilliers.

Framboisier
Les variétés remontantes donnent des fruits de l'été jusqu'à l'automne. Au mois de mars, couper les tiges au ras du sol pour que de nouvelles puissent se développer.

Ronce
Les ronces sans épines sont recommandées pour une haie, une pergola ou une plantation en espalier.

Caseille
C'est un hybride de cassis et de groseille à maquereau. Il forme de grands arbustes et est très productif.

Noisetier
Les variétés cultivées devraient toujours être plantées en association avec quelques noisetiers sauvages. Parmi les variétés greffées, on peut recommander: Merveille de Bollwiller, Longue d'Espagne, Bergeri, Cosford, Fertile de Coutard (sensible au gel).

Myrtille cultivée
Les deux variétés Bluecrop et Berkeley peuvent être cultivées sans problème et sont productives.

Groseillier à maquereau
Les variétés résistantes à l'oïdium garantissent une bonne récolte.

Tayberry
Un hybride ronce/framboisier, sur un support grimpant, donne des fruits rouges très savoureux. Comme pour les framboisiers, les tiges seront coupées après la récolte au niveau du sol.

On pourra finir de remplir le panier avec les fruits des arbustes sauvages.

Amélanchier, cornouiller, merisier à grappes et sureau noir enchantent par leurs fleurs et offrent chaque année des fruits nombreux et savoureux.

POURQUOI JARDINER AVEC LES ENFANTS ?

Les établissements fondés au XIXe siècle pour les enfants en âge préscolaire ont été nommés à dessein, non pas établissements préscolaires, mais jardins d'enfants. Le pédagogue Fröbel, à qui l'on doit ce concept, partait de l'idée qu'une âme enfantine, dans l'environnement d'un jardin, était interpellée et stimulée d'une multitude de manières. Au tournant du XXe siècle cette conception a trouvé de nombreux partisans également pour l'éducation scolaire. Elle a resurgi dans les années 1980 pour sensibiliser les enfants à l'écologie.

Les enfants s'épanouissent essentiellement par le jeu. L'objectif du jardinage n'est ni de produire ni d'augmenter leurs compétences et leurs connaissances mais plutôt de leur donner l'occasion de s'émerveiller au contact de la terre et des plantes. Par exemple les enfants feront germer des graines de pois chiche, de soja vert, de blé, de cresson ou de moutarde sur un support humide, et suivront la croissance des germes pendant plusieurs jours, pour finalement les manger.

Ils peuvent aussi faire pousser des haricots d'Espagne dans des boîtes à œufs remplies de terre et posées sur le rebord de la fenêtre. Les haricots grandissent à vu d'œil et les enfants peuvent les repiquer dans leur jardin. Cette plante les fascinera plus tard par ses fleurs rouge feu, par ses grosses gousses vertes et, en automne, par ses graines d'un mauve éclatant tacheté de noir.

La culture d'arbustes fruitiers, tels que groseilliers, cassis, amélanchier, noisetiers, va transformer le jardin des enfants en un jardin d'Eden, dont les fruits de toutes les couleurs régaleront les enfants.

Au bout de deux ou trois ans, la récolte sera déjà assez abondante pour être transformée en jus, en confitures, en gelées ou en fruits secs. Quel plaisir pour les enfants de manger tout l'hiver les fruits qu'ils auront récoltés !

Lorsque, au petit déjeuner, on dégustera la confiture de mûres qui sent la forêt, on se rappellera alors grâce à son odeur et son parfum les journées de récolte estivales, la cueillette en commun, l'extraction du jus et la préparation de la gelée.

Pour les enfants, le temps passé au jardin se rythme en périodes de croissance, de maturité et de récolte. Il est rempli de semis, de bourgeons, de fleurs, de fruits, de feuilles qui tombent et de compost qui mûrit. Ces transformations constantes, ces évolutions et ces métamorphoses éveilleront la curiosité des enfants et leur intérêt pour l'inconnu.

Les passages d'une saison à l'autre pourront être marqués par de petites fêtes au jardin. En mars les châtons des saules vont annoncer la fin de l'hiver et l'arrivée du printemps ; en juillet le millepertuis va se charger de la chaleur et de la force du soleil, en novembre les pommes mûres et les feuilles aux multiples couleurs conduiront de l'automne en hiver.

LES JEUX D'EAU

Les jeux dans, avec et au bord de l'eau sont sans limites, tout comme l'eau elle-même. Sous ses apparences multiples, elle fascine les enfants et les incite à des jeux passionnants et pleins de fantaisie.

Dans le sillage du mouvement écologique, l'eau a fait son entrée dans les jardins familiaux et scolaires sous la forme de biotopes humides et de mares. Ces îlots humides concourent à l'accroissement de la biodiversité dans les jardins et les cours d'écoles, et créent de multiples lieux d'observation et d'expérimentation.

Les points d'eau présentés ici mettent moins l'accent sur les aspects écologiques et esthétiques qu'ils ne servent, en premier lieu, au jeu des enfants.

Pour les enfants et les adolescents, le contact ludique avec l'élément eau se suffit à lui-même et n'a pas besoin d'autre justification. Sur les terrains de jeu publics, l'eau stagnante constitue un danger : ils pourraient y attraper des maladies ou s'y noyer. Dans les jardins et les espaces de jeu pour enfants, dans lesquels une surveillance est assurée par les parents ou les enseignants, les points d'eau ne devraient pas être tabou. Ils faut les concevoir pour que d'un côté le danger de noyade soit écarté, même pour les tout-petits, et que de l'autre on puisse faciliter au maximum le contact avec l'eau.

LES FLAQUES

La forme la plus banale sous laquelle l'eau s'accumule partout, c'est la flaque, plus ou moins grande.

Nul besoin d'autre chose que de petits creux au sol dans lesquels l'eau de pluie s'attarde, jusqu'à ce que le soleil et le vent l'emporte vers le ciel.

Dans les aires de jeu naturelles, les flaques sont aménagées en vue de prolonger leur existence, pour que les enfants puissent y jouer les jours d'été. Leur aménagement procure un savoir-faire très utile pour la réalisation de points d'eau plus importants.

Pour imperméabiliser le fond différents matériaux sont possibles : la terre argileuse, l'argile pure ou une bâche en matière synthétique. La technique de mise en œuvre est spécifique à chacun d'entre eux. Les processus et les méthodes présentés ici sont également valables pour la conception de points d'eau plus grands, voire pour l'aménagement de biotopes humides.

La flaque doit être installée en un endroit ensoleillé et, pour les tout-petits, sur un site facile à surveiller. Son diamètre sera d'environ un mètre, sa profondeur de 15 à 20 cm.

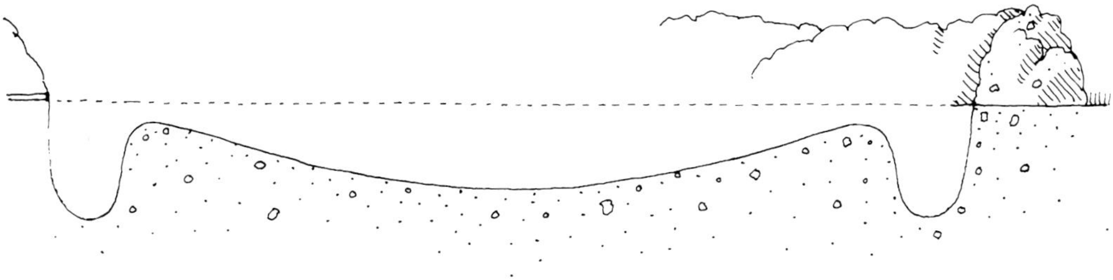

La flaque avec bâche

Avec une bâche à mare d'un millimètre d'épaisseur, un creux de seulement 10 cm suffit. Creuser tout autour du bord de la cuvette, à environ 10 cm de ce dernier, une petite tranchée de 15 cm de profondeur et de la largeur de la main. Recouvrir la cuvette d'une couche de sable d'environ 2 cm. Poser la bâche dessus. Placer le bord de la bâche dans la tranchée du pourtour. Remplir ensuite la cuvette d'eau. Pour finir, remblayer la tranchée dans laquelle on a fait disparaître le rebord de la bâche avec de la terre qu'on tassera énergiquement.

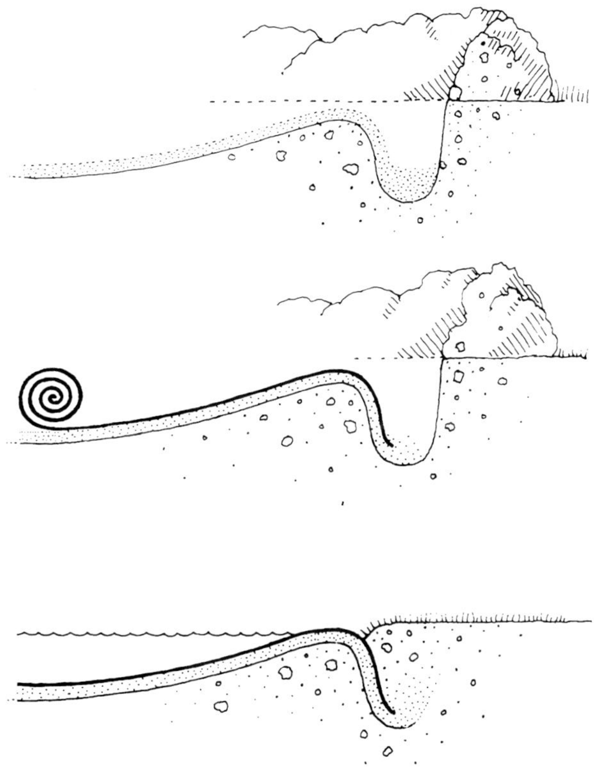

Les différentes étapes de la pose d'une bâche.

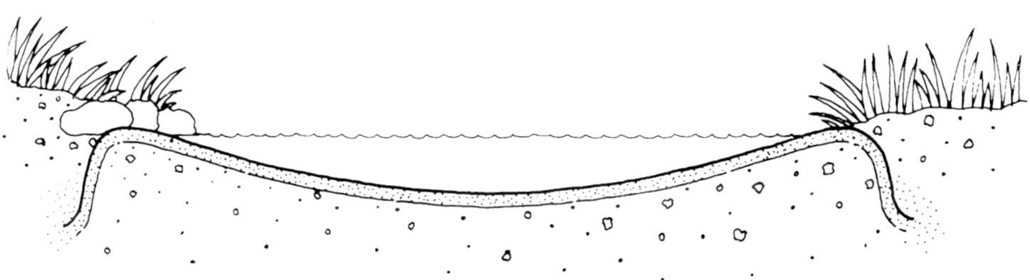

La flaque en terre argileuse

Pour imperméabiliser une flaque avec de la terre argileuse commencer par creuser sur 30 cm de profondeur.

Mélanger ensuite la terre avec de la chaux éteinte (chaux des maçons) ce qui la rendra imperméable. Pour rendre étanche une flaque d'environ un mètre , il faut approximativement 0,3 m^3 ou l'équivalent de quatre brouettes de terre argileuse. Renverser le contenu d'une brouette sur une surface préparée, ajouter deux pelletées de chaux. Faire pénétrer la chaux dans la terre avec une bêche, puis tourner et retourner le mélange terre/chaux. Terminer en compactant avec une batte en bois ou avec les pieds. Ajouter éventuellement de l'eau sans arriver jusqu'à la consistance d'une bouillie.

Couper ensuite avec la bêche des plaques d'environ 5 cm d'épaisseur de ce mélange et en couvrir le fond de la cuvette en allant du centre vers l'extérieur. On peut les faire chevaucher légèrement. Les tasser vigoureusement à l'aide de la batte en bois. La couche du bord doit être posée et tassée avec une attention particulière. Pour une imperméabilisation efficace, superposer de la sorte trois à quatre couches du mélange. Pour finir, lisser le fond de la cuvette avec une éponge grossière et de l'eau. Après cette opération, remplir doucement la cuvette en faisant couler l'eau le long d'une planche.

Le mélange terre/chaux sera réalisé par des adultes, avec beaucoup de précautions. La chaux est corrosive, et ne doit en aucun cas entrer en contact avec les yeux, les muqueuses, ou des plaies ouvertes. Par contre, chaussés de bottes en caoutchouc, les enfants pourront participer au compactage.

Si la flaque s'assèche, des petites crevasses se formeront sur sa bordure et son fond, qui laisseront l'eau s'infiltrer dans le sol. Celles-ci peuvent être bouchées avec de l'eau et de la terre argileuse mais il est plus simple de surveiller le niveau d'eau de la flaque et au besoin d'en rajouter.

Une grosse pierre placée dans la flaque pourra servir d'abreuvoir à oiseaux.

La flaque sur argile

Dans de nombreuses régions, la terre argileuse peut être remplacée par de l'argile que l'on trouvera à l'occasion sur des chantiers de voirie ou de construction, ou dans des carrières en exploitation. Etaler commer précédemment l'argile en dalles de 5 cm d'épaisseur dans la cuvette. Les tasser vigoureusement avec des rondins pour obtenir une couche homogène. En trois opérations, on obtient une couche étanche d'environ 15 cm d'épaisseur. Pour finir, remplir la cuvette d'argile avec de l'eau. Comme pour la flaque en terre argileuse, éviter de la laisser se dessécher.

Entretien des flaques d'eau

Les flaques n'étant pas des biotopes naturels, il faudra éventuellement les remplir d'eau de temps en temps. Si l'eau reste pendant un certain temps dans la mare, on évitera que des matières organiques comme des feuilles ou d'autres débris végétaux n'y stagnent. Ils pourriraient et la transformeraient en un bouillon putride.

LA MINI-PIECE D'EAU

Une pièce d'eau d'environ 2 m x 2 m offrira aux enfants de multiples possibilités de jeux. Ils pourront y faire flotter des bateaux, pêcher, brasser l'eau pour leurs jeux de boue ou y patauger pieds nus.

On peut l'imperméabiliser – comme les flaques – avec une bâche, de la terre argileuse, ou de l'argile. Elle s'en différencie par un volume d'eau plus important et par les points suivants.

• La cuvette est creusée sur une profondeur de 40 cm pour une bâche, de 50 cm pour un mélange

terre argileuse/chaux. La pente sur les bords est d'environ 1:2,5 (10 cm de dénivelée pour une longueur de 25 cm). Pour étanchéifier une pièce d'eau assez grande avec un mélange terre argileuse/chaux ou avec de l'argile, il est conseillé d'utiliser une plaque vibrante ou un tasseur vibreur. L'imperméabilisation par la terre argileuse pourra être réalisée en deux couches successives de 10 cm (20 cm en tout) tassées successivement. L'imperméabilisation par l'argile peut être faite en une seule couche de 15 cm d'épaisseur, elle aussi tassée.

• La bâche de 1 mm d'épaisseur, les 20 cm de terre argileuse ou les 15 cm d'argile seront recouverts d'une couche de 5 à 10 cm de gravier de rivière. Celui-ci doit remplir la cuvette jusqu'à ce que la profondeur de l'eau soit de 5 à 10 cm. Le gravier a une double fonction de protection :

– il réduit la profondeur et ainsi le risque d'accident pour les enfants ;

– il protège la bâche ou la couche d'imperméabilisation en terre argileuse ou en argile d'une destruction délibérée.

• La bordure de la pièce d'eau est une zone délicate. Si elle est trop piétinée, elle peut se dégrader. On peut éviter cet inconvénient par deux mesures simples :

– en installant autour de la moitié de la pièce d'eau une haie de saule tressé d'environ 50 cm de hauteur, qui empêchera en partie au moins l'accès à l'eau ;

– en réalisant une butte de terre d'environ 40 cm de haut et 80 cm de large, plantée de vivaces sauvages, comme la consoude, l'épilobe, l'armoise, la tanaisie. L'autre partie du bord pourra être renforcée par un pavage en rondins de bois, ou préservée grâce à une passerelle.

L'entretien de la pièce d'eau

La pièce d'eau sera, tout comme les flaques, située dans un endroit ensoleillé et bien visible. Les matières organiques ne devraient pas y séjourner, et les enfants pourront les repêcher à l'aide d'épuisettes et de passoires. Etant remplie de gravier de rivière, il ne faut pas que du sable ou de la terre y pénètre, au risque de devenir rapidement boueuse. Elle peut être remplie aussi bien avec de l'eau du robinet qu'avec de l'eau de pluie.

BARBOTER, GADOUILLER, PATAUGER

En mélangeant de l'eau et de la terre, on obtient alors un cinquième élément, la gadoue, la boue, sorte de soupe primitive qui réveille de manière unique le jeu créatif et imaginatif des enfants. L'équipement de base d'un « coin à patauger » peut comprendre les éléments suivants :

- un bac à sable,
- une fosse d'argile,
- un bac à cailloux,
- une source d'eau (tuyau d'arrosage, tonneau, point d'eau, pompe),
- des plantes (qui protègent du soleil et du vent),
- un puits perdu.

Aménagement d'un bac à sable

Le bac à sable constitue le cœur du coin à patauger. Dans le jardin familial, il pourra avoir 2 m de côté et atteindre facilement 5 m x 7 m dans un jardin d'enfants.

Il est souhaitable de le séparer des autres espaces de jeu par une haie de saule tressé, un petit remblai couvert de plantes ou un fossé de drainage planté d'arbustes.

Lors de la mise en place du bac, on créera une ambiance attrayante en utilisant la terre – creusée sur 40 cm de profondeur – pour dresser sur son pourtour un petit remblai. Il sera maintenu par des palissades de saules tressés. Pour la construction de cette enceinte, voir les indications données pour la fosse.

Les saules vont prendre racine et donner de l'ombre aux parties exposées au sud, mais aussi fournir une multitude de petites tiges et de feuilles qui serviront pour les jeux dans la boue.

Selon la nature du sous-sol et l'utilisation plus ou moins fréquente du coin à patauger, l'eau s'infiltrera dans la terre. Si le sous-sol est très compact, il est recommandé de creuser un puits perdu à l'endroit le plus profond. Dans un coin à patauger assez grand, il aura environ 1 m de côté et de profondeur. Le remblayer jusqu'à mi-hauteur avec des gravats assez grossiers (de vieilles briques) ou du tout-venant. Combler la partie supérieure avec des cailloux. Le recouvrir avec quelques grosses pierres ou trois ou quatre morceaux de tronc d'arbre d'environ 40 x 50 cm. Cela l'empêchera de s'envaser trop rapidement.

La fosse à terre argileuse

La terre argileuse est une terre malléable, plus grossière que l'argile et plus fine que le sable. On peut la malaxer, la mettre en forme, la brasser et l'étendre plus facilement que l'argile. Les jours de grosse chaleur un bain de terre argileuse est un vrai plaisir. Sa valeur thérapeutique est d'ailleurs incontestée depuis Felke et Kneipp, les pionniers de l'argile.

La fosse à terre argileuse sera un lieu bien identifié, attenant au coin à patauger. Elle devrait faire environ 2 m x 3 m et 50 cm de profondeur.

La terre d'excavation pourra servir à former un petit remblai sur son pourtour.

Le bord de la fosse sera stabilisé à l'aide de tiges de saule tressées. On peut aussi séparer la fosse en deux avec des rondins, pour constituer une réserve de terre argileuse.

Si l'on veut que la fosse reste constamment humide, il suffit de tapisser le fond d'une bâche à mare.

Des morceaux de tronc d'arbre peuvent être placés devant comme tables pour jouer et modeler.

La terre restera plus longtemps humide si les saules sont liés en arc les uns aux autres. Cela peut être fait dès la mise en place des tiges ou plus tard, lorsqu'elles auront atteint un à deux mètres.

Le bac à cailloux

Une fosse pleine de galets lavés, de formes et de couleurs différentes, enrichit le jeu avec les éléments eau et terre. Les enfants les trieront comme des pierres précieuses ou les utiliseront pour les activités de construction avec le sable et la terre. On peut aussi les arranger tout autour d'une pompe à eau et les entourer d'une palissade.

Le point d'eau

Le point d'eau le plus simple est un tuyau d'arrosage muni d'un embout pour régler le débit.

L'eau s'écoulera par exemple dans un réservoir installé dans le bac à sable. Certains réservoirs disponibles dans le commerce sont équipés d'un robinet par lequel les enfants peuvent tirer l'eau. Celle-ci peut aussi être amenée par une rigole, d'un point d'eau vers le bac à sable. Les enfants versent de l'eau dans la rigole avec des seaux et autres récipients de ce genre et la recueillent dans le bac à sable.

A proximité de ce dernier, l'installation d'une pompe en fonte, que l'on peut trouver à relativement bon marché dans les jardineries, offrira de nouvelles perspectives au jeu des enfants : avec la pompe, ils pourront déterminer eux-mêmes le débit et la quantité d'eau. Ils seront ainsi activement impliqués dans les jeux avec l'eau.

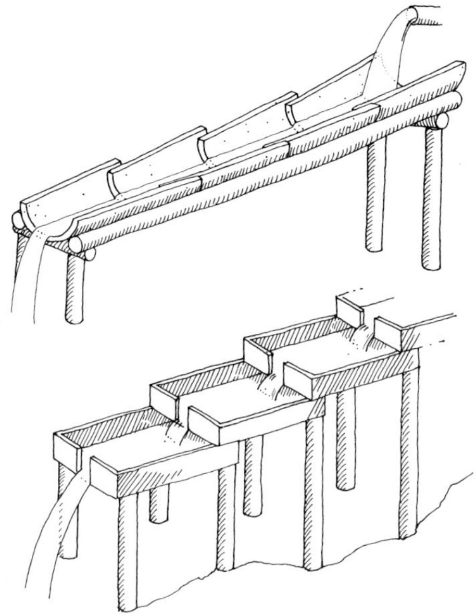

L'installation du point d'eau à partir de tuiles et de bois.

La pompe sera reliée à une conduite d'eau ou installée au-dessus d'un réservoir enterré. Ce dernier sera alimenté en eau potable par un tuyau d'arrosage ou par un tonneau de récupération des eaux de pluie. Dans tous les cas, la pompe devra reposer sur un socle en bois pour assurer une différence de niveau entre elle et le bac à sable. L'eau pourra ainsi y couler en passant par des rigoles et susciter des initiatives créatives autour de la boue et de la construction.

Plantations du coin à patauger

Des plantations intégreront le coin à patauger dans le terrain de jeu pour renforcer son ambiance naturelle et protéger les enfants des regards et du soleil. Une pergola en rondins pourra couvrir une partie du bac à sable. Des plantes grimpantes telles que le houblon ou la clématite donneront de l'ombre, des couleurs et des formes attrayantes à cet espace de jeu. Les variétés de bambous résistants au froid dont les touffes peuvent atteindre 2 à 3 m de haut et 1 m de large sont également intéressantes. Ces plantes vivaces peuvent être plantées dans le bac à sable ou au bord de l'espace de jeu. Au moment de la plantation elles devront avoir 1 m de haut pour que les enfants, dans le feu de l'action, ne risquent pas de les piétiner en courant.

Dans la mesure où le bac à sable et les éventuelles fosses à terre et à cailloux sont ceinturés par des palissades de saules, le développement de ces derniers peut être orienté en les taillant, les tressant et les attachant pour constituer des clôtures et des séparations en forme de pergolas et de toits.

C'EST DE L'EAU QUE NOUS L'AVONS APPRIS

Le mot « eau » fait jaillir en nous un flot de pensées d'où émergent les images d'une masse limpide, irisée ou trouble, des clapotis, des mugissements ou le calme. Selon le moment de la journée et le cours des saisons, l'eau coule sous de multiples formes. Dans l'eau et à son bord vivent des plantes, des hommes et des animaux. Aujourd'hui encore, sources, fontaines, ruisseaux, fleuves et mers incarnent pour diverses civilisations les forces sacrées qui donnent et maintiennent la vie.

Dans le contexte social actuel, l'eau a été ravalée au rang d'un bien de consommation et d'un liquide de refroidissement. Parents et pédagogues devraient prendre conscience de l'utilisation destructive et polluante qu'en fait la société, lorsqu'ils perçoivent les jeux d'eau comme un gaspillage et les restreignent.

Les jeux avec l'eau ne doivent pas avoir pour finalité l'« économie » ou le « respect » de l'eau. Car pour les enfants, la substance vitale Eau est un élément ludique essentiel, voire l'élément de jeu par excellence.

Les réseaux d'adduction des zones urbaines ou rurales ont contraint l'eau à courir dans des canalisations et des conduites en béton, tout en la retirant largement des espaces ludiques des enfants. Même sur les aires de jeux officiellement désignées comme telles, elle est rare et ne peut s'écouler qu'en tant qu'eau potable traitée chimiquement et fournie par des robinets.

Le tarissement de l'eau dans l'environnement de l'enfant ne peut être compensé uniquement par l'aménagement de flaques, de points d'eau ou de fosses à boue. Quant à l'argument selon lequel les enfants s'adaptent à la transformation des lieux de jeu et de vie – « Celui qui ne s'est jamais baigné dans un ruisseau propre n'en ressent pas le besoin » –, il est tout simplement absurde. Pour eux, l'eau est en effet un outil de développement personnel primordial.

Aménager des biotopes humides dans les jardins d'enfants et les écoles ne suffit donc pas. Se limiter à observer la mare supprime le contact sensuel avec l'élément. La soif de l'enfant pour les jeux aquatiques peut être satisfaite de meilleure façon si on lui propose un accès quotidien et varié à l'élément eau.

L'installation d'un tonneau de récupération des eaux de pluie au bas des cheneaux, l'aménagement de flaques et de cuvettes dans l'aire de jeux vont intégrer les jeux aquatiques au rythme des saisons, sensibiliser sur la provenance de l'eau avant que celle-ci ne coule au robinet ou dans la baignoire.

Le tonneau d'eau de pluie installé sur un petit socle et équipé d'un robinet incite les enfants à arroser eux-mêmes les plantes des parterres et des pots de fleurs, à prendre soin du bien-être de ces êtres vivants. Cet acte d'offrir de l'eau est un geste élémentaire d'attachement et d'assistance spontanée que l'enfant a pour la plante en tant qu'être vivant. La valeur de cet acte d'identification, où l'enfant se met à la place de la plante qui a soif, n'est pas diminuée si, le jour suivant, cette préoccupation se trouve supplantée par l'intérêt d'autres jeux aquatiques. Le comportement et les actions des enfants sont liés aux situations et aux moments et ne doivent pas être comparés aux actes intentionnels ou responsables de l'adulte.

La pièce d'eau décrite précédemment propose l'eau aux enfants comme élément de jeu calme et reposant. Ils peuvent y faire flotter des petites barques d'écorce, des bateaux en papier, des poissons et canards de baignoire, pêcher des monstres marins imaginaires avec des cannes qu'ils auront fabriquées eux-mêmes.

L'importance pour le développement de l'enfant du fait de patauger dans l'eau peut se comprendre à travers une réflexion du grand thérapeute et pédagogue suisse Hans Zulliger : « Plus un jouet est primitif, plus il est utile. Il doit opposer le moins de barrières possibles à l'imagination des enfants. Ce ne devrait être pratiquement que de la matière brute ou des matériaux et des outils qui laissent la porte ouverte à toutes les possibilités de créativité de l'enfant. » La terre, le sable, l'argile, les pierres et l'eau sont des matériaux de ce type.

Les enfants créent eux-mêmes avec ces éléments leurs personnages et leurs « jouets ». Les galets ne restent pas de simples galets, mais deviennent des pommes, des pains, des pièces d'or.

Aménager des paysages ludiques, construire des systèmes complexes de conduites d'eau et de canaux, cuisiner avec de l'eau, de l'argile et des feuilles, modeler des créatures de contes de fées ou des personnages sont des jeux dans lesquels les enfants expriment et mûrissent quotidiennement leur vision des choses, leur manière d'appréhender les objets et les événements, leur rapport à leur univers.

Dans leurs jeux avec l'eau, le sable, l'argile et des morceaux de végétaux, les enfants ne fabriquent pas des produits mais se fabriquent eux-mêmes, c'est-à-dire leurs relations avec les faits, les choses, les personnes de leur espace vital.

Souvent, parents et enseignants n'apprécient pas ce type de jeux, taxés de « salissant ». Si à la maison on tolère la pâte à modeler, le contact avec la terre et l'eau est bloqué par des « Ne te salis pas ! » péremptoires. Dans l'intérêt des enfants, il est temps qu'un changement radical de mentalité s'opère.

En effet, pour satisfaire le besoin des enfants de se mêler au sable, à l'argile et à l'eau, les vacances au bord de la mer ne suffisent pas. Dans la vie de tous les jours, à la saison chaude, patauger dans des fosses de sable ou d'argile devrait être toléré. La pellicule d'argile sur la peau se rince avec un tuyau d'eau sous les éclats de rire joyeux des enfants.

CREUX ET BOSSES

L'aménagement de nombreuses aires de jeu publiques peut se résumer à ces mots: carré, banal et plat. Souvent, seules les infrastructures matérialisent la dimension verticale. Les tentatives d'aménagement avec pergolas, haies, clôtures vivantes, remparts et fossés n'en sont qu'au stade embryonnaire. La butte de jeu, lorsqu'elle existe, émerge en général du terrain comme un cône pelé.

Dans les aires de jeu naturelles la création de reliefs est d'une importance fondamentale: lors de nouveaux aménagements, elle peut être conçue préalablement à toute autre chose. S'il y a modification de terrains existants, on peut leur donner du relief, en hauteur ou en profondeur, de multiples manières.

LE REMBLAI

Construire un remblai permet d'agrandir la surface aménageable du terrain de jeu et a des effets positifs tant écologiques qu'esthétiques. Les limites du terrain devraient – surtout dans des sites soumis à une circulation intense ou exposés aux courants d'air – être marqués, au moins en partie, par un remblai couvert de plantes. Sa hauteur et sa largueur dépendront souvent de la quantité de terre disponible. Lorsque cette dernière est limitée, un remblai de 50 cm de haut et de 1 m de large à la base (50 cm au sommet) constitue déjà une bonne délimitation de l'espace. Si les matériaux disponibles sont plus abondants, le remblai pourra atteindre 1 m de hauteur et 1,50 m de largeur à la base (70 cm au sommet).

La plantation des flancs et du sommet jouera un rôle essentiel sur les plans écologique, esthétique et ludique. S'il longe par exemple le coté nord du terrain, sa face nord constituera alors un petit ubac, son flanc sud un adret. On plantera des buissons fleuris et à baies sur le versant sud, et des arbustes plus résistants, tels que saules, sureaux, noisetiers, érables champêtres, seringas et cornouilliers sanguins sur le versant nord.

Sur le sommet, et selon l'espace disponible, il est possible de planter, à intervalle de 5 m environ, des espèces pionnières telles que sorbiers, pruniers sanguins, charmes, aulnes.

Dans le terrain même, un remblai constituera un domaine de jeu en soi. La terre pourra être apportée ou bien excavée sur place.

LE FOSSE

Un fossé profond de 50 cm et large de 80 cm pourra entourer une cabane de jeu comme une douve. Une passerelle en troncs d'arbres ou en madriers l'enjambera pour accéder à la cabane. La terre excavée sera rejetée à l'extérieur. Le long du bord extérieur

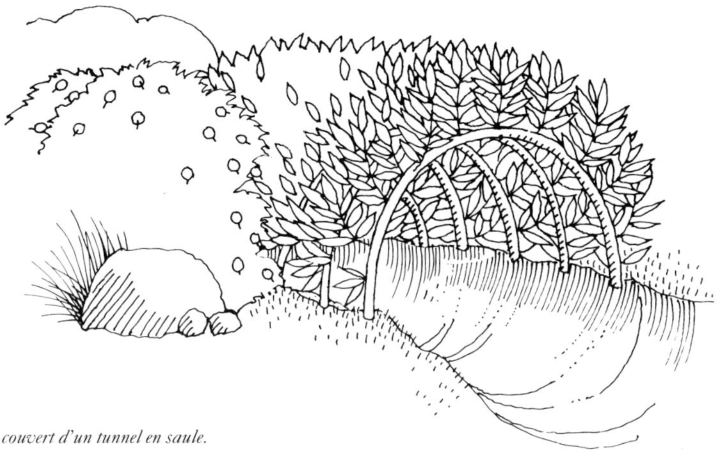

Le fossé peut être couvert d'un tunnel en saule.

du fossé on enfoncera, à environ 40 cm de profondeur et 25 cm les unes des autres, des tiges de saule épointées de 5 à 10 cm de diamètre. Si la nature du sol l'exige, les trous seront préparés à l'aide d'un pieu en fer. Laisser les tiges de saule dépasser du bord du fossé d'environ 50 cm et tresser autour d'elles, sur une quarantaine de centimètres de hauteur, des rameaux de saule ou d'autres branchages.

On pourra alors projeter la terre contre ce muret tressé et aplatir l'extérieur légèrement en biais. Les tiges de saule prendront racine et protégeront la cabane et le fossé.

Le remblai peut lui-même être planté de vivaces, d'arbustes décoratifs ou à baies.

Si la terre d'excavation doit être utilisée ailleurs (pour remplir un parterre), le fossé pourra être couvert d'un tunnel en saule. Les bords du fossé seront légèrement aplanis et les arcs de saules l'enjamberont suffisamment haut pour que les enfants puissent courir dessous sans avoir besoin de se baisser.

LA FOSSE

Quiconque observe des enfants jouant sur un terrain s'apercevra que fossés, trous et fosses les attirent comme par magie et sont leurs coins de jeux de prédilection. Ils y creusent, sautent, se cachent et y pratiquent des jeux collectifs.

La fosse aura 2 à 3 m de diamètre. Dans un vaste terrain elle pourra être plus grande, avec un bord toujours irrégulier, et de forme plutôt arrondie. Son contour sera marqué avec du sable. Il pourra être ceint

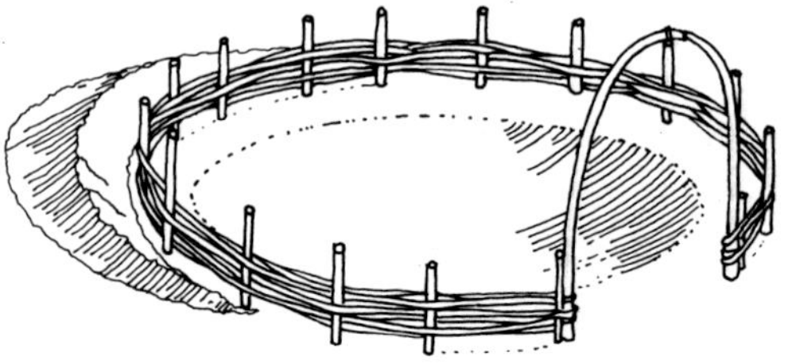

Construction de la fosse.

de rondins (épicéa, douglas, mélèze, acacia écorcé) ou de tiges de saule tressées. Dans les deux cas la terre d'excavation sera accumulée sur le pourtour pour intégrer la bordure de la fosse au terrain de jeu. Son entrée sera légèrement aplanie afin que même les petits enfants puissent y pénétrer.

Les rondins auront un diamètre de 10 à 12 cm et une longueur de 80 cm, les tiges de saule 5 à 10 cm de diamètre et 80 cm de longueur. Elles seront épointées à leur base.

Pour planter les rondins ou les saules, creuser un fossé de 40 cm de profondeur et de la largeur de la bêche. Pour des rondins, tapisser le fond d'une couche compacte de 10 cm de cailloux ou de graviers. L'eau pourra s'infiltrer dans cette couche perméable, ce qui protégera la base des rondins de l'humidité. Remblayer le fossé en trois fois, en tassant vigoureusement chaque couche de terre autour des rondins.

Si l'on utilise des tiges de saule, les enfoncer, à raison d'une tous les 25 cm, de sorte qu'elles dépassent de 40 cm. Remblayer par couches et tasser. Pour finir, tresser des rameaux de saule ou d'autres branchages autour.

La clôture terminée, creuser la fosse, à l'aide de bêches et de pioches, la profondeur ne devant pas excéder 60 cm. Laisser une bordure d'environ 20 cm et l'aplatir légèrement en biais vers l'intérieur.

Le revêtement du fond dépendra de l'usage que l'on veut en faire.

Si l'on veut l'utiliser comme fosse de construction, on peut y verser directement du sable, des cailloux, du gravier, ou de l'argile sans qu'un revêtement du fond soit nécessaire. Des rondelles de tronc d'arbre, des morceaux de bois, des boîtes, de vieilles casseroles et d'autres jouets tout aussi rustiques y inciteront à toutes sortes de jeux.

Si le terrain est très compact, creuser la fosse sur environ 70 cm de profondeur et garnir le fond d'une

Couverture d'un toit de saule.

couche de 30 cm de tout-venant ou de gravier. C'est seulement après qu'elle pourra être remplie avec les matériaux de jeu.

Pour en faire une fosse de saut ou d'exercices d'équilibre, la garnir d'abord d'une couche de sable d'à peu près 20 cm, puis de 15 cm de broyat. Si elle doit être remplie avec des matériaux tels que des pommes de pins, des glands, des châtaignes, de la paille, du foin ou des feuilles mortes, on se bornera à couvrir le fond d'une couche de 15 cm d'épaisseur de broyat ou de mulch d'écorce.

On renforcera l'ambiance de la fosse par des plantations adaptées. Avec des arbustes sauvages, une « fosse-cachette » gagnera en obscurité et en mystère. Une fosse que l'on voudra claire et pleine de couleurs sera ornée d'arbustes fleuris : papilionacées arbustives, renonculacées, seringas, lilas, deutzis, hibiscus, hamamélis.

La plantation de charmes, de noisetiers, d'érables champêtres et autres la transformera en une grotte dont les parois verdoyantes pourront, au cours des années, être arquées, entremêlées et se rejoindre au sommet pour former un toit.

Le fait de courber les arbustes et de les attacher, à faire de novembre à février, provoquera une forte production de nouvelles

Si l'on courbe les arbres et les arbustes, on obtient rapidement un toit végétal dense.

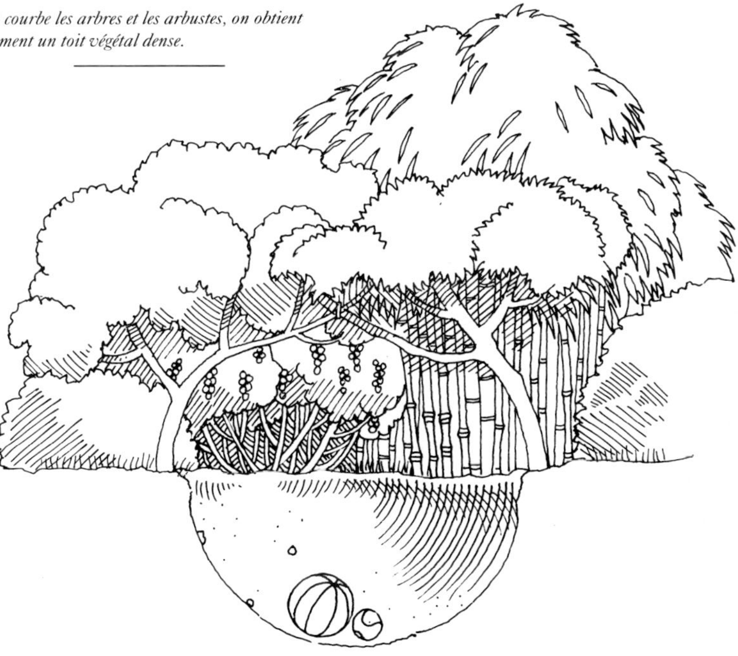

pousses. Dès la première année suivant cette opération, la fosse sera couverte d'un toit de verdure assez dense.

En reliant deux fosses un peu plus grandes à une ou deux autres plus petites, on crée un véritable paysage de jeu. Avec la terre d'excavation, on pourra constituer deux monticules qui feront penser au pays des collines des sept lutins.

LA BUTTE

La butte est un des éléments de base d'une aire de jeu naturelle. Des structures d'escalade ou des constructions en bois ne peuvent la remplacer. Elle est réalisable avec 40 m³ de matériaux de remblai (gravats, graviers, terre d'excavation ou terre végétale). Les enfants tasseront ce grand monticule en le piétinant, en passant dessus avec leurs camions, leurs tricycles, et par des montées et descentes incessantes.

Choix de l'emplacement

Ce choix devra tenir compte des remarques suivantes.

– Si la butte se trouve au beau milieu du terrain, cela limitera beaucoup les possibilités d'organisation de l'aire de jeu. La butte prédominera sur les autres éléments et empêchera des aménagements intéressants.

– Un emplacement plus proche du bord du terrain est préférable. La butte peut par exemple séparer l'aire de jeu du terrain avoisinant (lotissement, rue, trottoir), et atténuer ainsi les éventuelles nuisances dues à la circulation, protéger des regards indiscrets, abriter du soleil et du vent.

– Si le terrain est en pente, de par sa situation naturelle ou suite à un modelage antérieur, la butte ne doit pas être aménagée au point le plus bas du terrain. Ce choix paraîtrait arbitraire et limiterait le plaisir des enfants à dévaler une pente.

Construction

La butte présentée sur le croquis ci-après a une surface au sol de 6 m x 6 m. Sur un petit terrain, on peut prévoir une surface inférieure. Installée dans un angle de l'aire de jeu, la distance entre la limite du terrain et la base de la butte sera d'environ 1,50 m à 2 m. La butte ne doit pas avoir la forme d'un cône régulier mais être légèrement aplatie au sommet et descendre en pente douce vers le terrain de jeu. Le « dos » (la partie tournée vers la limite du terrain) et les deux côtés constituent des pans d'escalade un peu plus raides, tandis que le flanc descendant vers le terrain de jeu forme plutôt une assez longue piste de course. Avec une butte d'environ 2 m de haut, les possibilités pour courir, grimper et glisser

La butte avec ses nombreuses réalisations.

sont nombreuses. On obtiendra une variante du modèle de base si deux pentes longent comme des remparts la limite du terrain. Si l'on peut construire deux buttes, il est intéressant que l'une soit plus haute que l'autre. La « gorge » entre elles deux pourra être enjambée à l'aide de troncs d'arbres ou d'un pont suspendu.

Les activités motrices

Les activités motrices suscitées par une butte peuvent être multipliées par des sentiers, des marches et des constructions annexes. Le toboggan trouve ici sa place idéale. Il doit être orienté selon la pente naturelle du terrain. Une pergola en rondins ou en saule évitera qu'il ne chauffe trop lors des chaudes journées d'été.

On pourra ancrer un tronc d'arbre au bord du plateau, sur une des faces raides. Les enfants s'y agripperont pour monter et descendre la pente. Parallèlement au toboggan, un escalier en pierres, de taille irrégulière pourra mener en haut de la butte et un chemin dérobé monter en biais jusqu'au sommet sur le flanc le plus raide. Ce sentier, d'environ 30 cm de large, sera creusé dans la pente. Le petit talus ainsi obtenu sera étayé par des bâtons de saule, taillés légèrement en pointe et enfoncés à l'aide d'une masse sur 30 cm de profondeur, à 25 cm les uns des autres. Ils dépasseront le bord du talus de 5 à 10 cm. Pour que la terre ainsi creusée ne soit pas ravinée par les pluies, on tressera des branches de saule ou d'autres arbres au pied des bâtons. Un mini-funiculaire peut partir du pied de la butte et longer sur environ 25 m la limite du terrain. Ainsi, l'aire de jeu ne sera pas coupée en deux, et le funiculaire ne croisera pas les parcours menant à d'autres éléments de jeu. Etant placé au pied de la butte, une petite plate-forme de départ est superflue.

La sensation de bénéficier d'une position et d'une vue dominante sera encore renforcée par une tour panoramique dont les piliers seront constitués de quatre rondins de 2,50 m de long et 10 cm de diamètre, enfoncés de 50 cm de profondeur sur un carré d'un mètre de côté. A un mètre de hauteur, fixer deux chevrons sur deux côtés opposés. La plate-forme, constituée de madriers de 4 cm d'épaisseur, sera clouée sur les chevrons. Revêtir de planches trois murs latéraux de la tour. Le côté de l'entrée sera couvert de planches jusqu'aux deux tiers. Un petit toit à une pente évitera que la tour panoramique ne se dégrade. Une échelle solide fixée à la tour y donnera accès.

Les plantations

Grâce à la végétation, la butte s'intégrera dans l'aire de jeu. Une de ses pentes raides sera par exemple plantée d'arbustes tels que érables champêtres, noisetiers, sureaux, amélanchiers. On pourra y associer des sorbiers, trembles, ormes, saules cendrés, charmes, pommiers sauvages et pruniers sanguins. La butte y gagnera en volume et en ambiance. Au bout de quelques années, les arbres et les arbustes fourniront de l'ombre et couperont le vent. Les enfants pourront grimper entre les arbustes ou même peut-être déjà dans leurs branches.

Pour que les arbres et les arbustes puissent prendre racine et se développer sur la butte, les enfants devront faire attention à eux pendant les deux premières années. Une clôture en saule tressé, en bordure du plateau, pourra protéger la pente concernée et devenir elle-même un des éléments de verdure de la butte. Si l'on ensemence cette dernière de gazon, les enfants devront patienter généralement quelques mois avant de pouvoir à nouveau y jouer.

LA PROMENADE DES SENS

L'expression « Comment vas-tu ?» est un souvenir du temps-d'avant-l'auto. « Bien aller » c'était littéralement « aller » au sens de marcher. Un mouvement où les pieds tâtent, foulent le sol, se balancent. Dans la médecine holistique, le massage des zones réflexes de la plante des pieds a développé la connaissance des interactions entre nos pieds et nos organes, dans un but thérapeutique. On agit sur des terminaisons nerveuses reliées aux organes internes. En exerçant une pression du pouce sur les points concernés, on stimule les organes correspondants, pour éventuellement les guérir.

Le fait que les tout-petits marchent si volontiers pieds nus est révélateur d'un bien-être autant que d'un besoin. Les adultes ne devraient pas réagir en craignant que l'enfant prenne froid ; ils devraient plutôt remettre en question le revêtement du sol à la maison, à la crèche, à l'école, sur les terrains de jeu et ailleurs. Les cours asphaltées, les dalles de béton, les sols en PVC, les dalles en matières synthétiques sont dures et lisses. Les pieds ne peuvent plus pénétrer dans le profil du sol ni y trouver du relief. Ils n'y laissent pas non plus d'empreintes. La stimulation des organes par la plante du pied disparaît.

Les sentiers des sens sont des chemins où les enfants vont courir, marcher et jouer avec une vitalité accrue, où ils pourront « bien aller » avec leurs pieds !

Le sentier des sens provisoire

L'aménagement d'un sentier des sens dans un terrain de jeu peut prendre de multiples formes. Toutes ces variantes ont en commun la volonté d'offrir aux pieds des enfants différents revêtements naturels pour multiplier les sensations lors de la marche.

Sous sa forme la plus simple un sentier des sens peut être réalisée en une heure au cours d'une animation. Un petit groupe d'enfants marque à l'aide de brindilles, de branches ou de sable un chemin d'environ 50 cm de large qui sera divisé en tronçons de 50 cm de longueur. Pendant ce temps, d'autres enfants collectent différents matériaux naturels tels que des pierres, de la terre, du sable, de l'herbe, des feuilles, des rameaux, etc. Dans un troisième temps, ils recouvriront les divers tronçons avec ces matériaux. Plusieurs parties peuvent recevoir la même couverture.

Ensuite les enfants peuvent parcourir librement ce sentier, découvrir et explorer sous la conduite d'un adulte les sensations qu'il procure aux pieds. Les yeux ouverts, ils tâtent scrupuleusement de leurs pieds les différents matériaux. Après y être passés plusieurs fois, ils peuvent échanger leurs sensations et leurs impressions avec les adultes.

Lors d'une deuxième phase, la sensation de l'enfant sera renforcée en modifiant sa perception. Les yeux bandés par un foulard, les enfants se tiennent en rang les uns derrière les autres. Ils posent les mains sur les épaules de celui qui précède. Une personne gardant les yeux ouverts mène le groupe. La « caravane aveugle » passe plusieurs fois sur les divers tronçons, incitée par les adultes à tâter avec soin les différentes parties.

Dans une autre variante du jeu, un enfant parcourra tout seul le sentier les yeux bandés. Il devra déterminer les différents revêtements, au besoin en les palpant de ses mains.

De multiples variantes sont possibles : les tronçons peuvent être recouverts avec des restes de laine, ou avec une peau de mouton ; un creux sera rempli d'eau ou de boue ; ou on fera se succéder de la mousse, de l'herbe, du foin et de la paille. Des petits pois, des lentilles, des fèves, des marrons et des glands exerceront en même temps l'équilibre et le sens du toucher.

Le chemin des sens comme espace de jeu

Les expériences faites avec le chemin des sens provisoire peuvent inciter à créer pour les enfants un

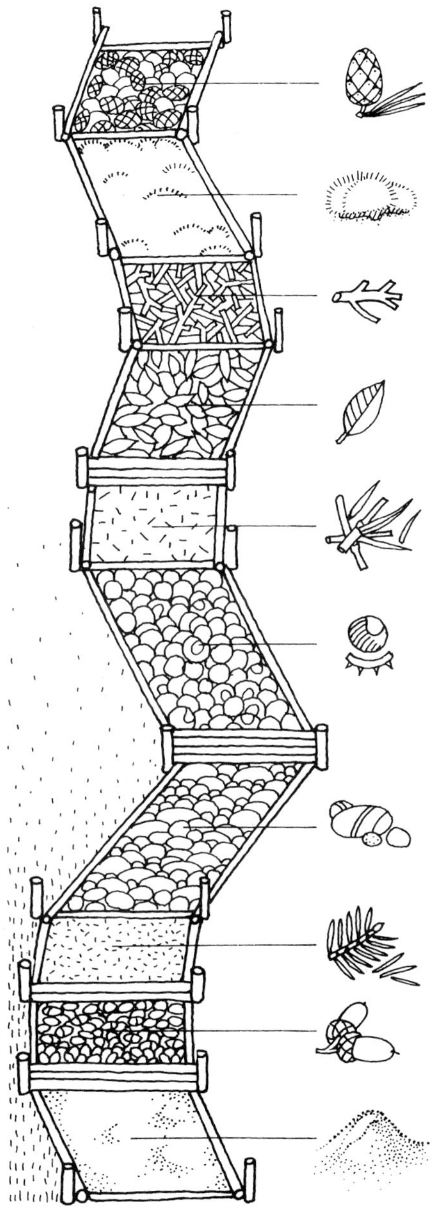

Les tronçons du sentier sont recouverts de différents matériaux : pierres, sable, feuilles, brindilles...

sentier des sens permanent conçu comme un espace de jeu. Ne pas le faire serpenter arbitrairement sur le terrain, mais l'aménager plutôt le long d'un mur, d'une clôture, d'un mur de maison, comme un petit passage de verdure animé. Ce chemin peut mener à une aire de jeu ou bien relier deux terrains de jeu entre eux. Il ne sera pas rectiligne mais aura un parcours sinueux, irrégulier et agréable à l'œil. Selon l'espace disponible, on réalisera un petit sentier ou bien un chemin de 1 à 1,50 m de large. Ses bords devront créer une ambiance particulière. Plusieurs variantes sont possibles, qui peuvent être combinées entre elles.

– Palisser les plantes choisies sur des fils de fer ou une clôture tressée. On peut opter pour des groseilliers, des cassis, des ronces sans épines, des saules.

– Recouvrir des structures en rondins (de 1,30 m de haut) de plantes grimpantes. Polygonum, houblon et chèvrefeuille créent des bordures multicolores et touffues qui, à l'aide de perches de noisetier recourbées, peuvent former une sorte de tonnelle au-dessus du chemin.

– Border le sentier de deux clôtures parallèles en saule de un mètre de haut (voir chapitre sur le saule). Les tiges de saule donneront des pousses qui pourront être tressées ensemble sous forme d'arcade. Au fil des années le chemin des sens courra entre deux rangées denses de saules, ce qui invitera les enfants à y séjourner.

Le chemin des sens est réalisable par étapes. Les bordures et les tronçons en constituent le cadre qui sera garni en plusieurs fois. Le côté sensitif du chemin pourra être enrichi par un coin pour jouer, un couloir bordé d'herbes aromatiques, une poutre d'équilibriste, un caisson d'éléments à palper, un xylophone en bois, un gong, ou d'autres éléments.

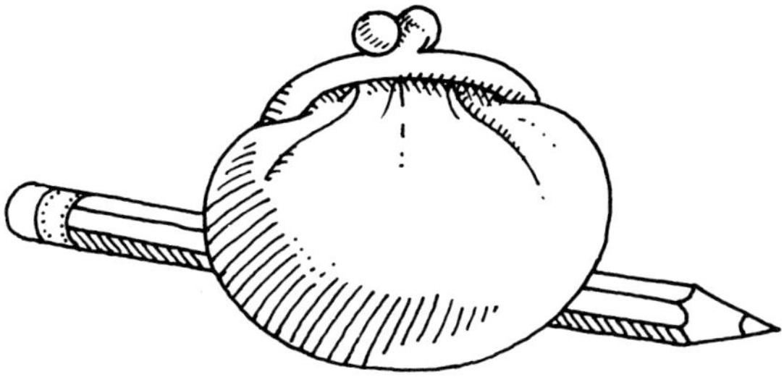

CONCEPTION ET REALISATION

Les personnes qui souhaitent réorganiser ou aménager une aire de jeu naturelle trouveront dans ce chapitre des conseils pour sa planification et sa mise en œuvre.

CONCEPTION ET PLANIFICATION

Les parents qui désirent construire un espace de jeu naturel à proximité de chez eux, les enseignants qui souhaitent transformer le terrain de plein air de leur école doivent en général motiver leur initiative face à des personnes de l'administration, à des voisins, à des collègues, à d'autres parents.

Avant de défendre leur projet devant ce type d'interlocuteur, ceux qui le portent devront débattre entre eux de leurs propres motivations. La discussion, dans le groupe de parents ou l'équipe pédagogique, sur les « pour » et les « contre » d'un espace de ce type peut prendre comme point de départ les réflexions contenues dans ce livre, ce qui permettra aux positions personnelles de se clarifier.

Plus on mettra l'accent sur de nouveaux concepts d'aménagement, plus on provoquera d'interrogations et d'intérêt pour la nouvelle conception de l'aire de jeu. Les objections feront émerger des préjugés et des angoisses qui ne doivent pas être étouffés mais analysés quant à leur fondements. Les critiques et les réserves émises se concentrent surtout autour des points suivants.

• La sécurité des enfants est-elle menacée ? Les aménagements naturels auront-ils l'agrément des administrations et des assureurs ?

Les aménagements décrits dans ce manuel ne présentent pas de dangers particuliers pour les enfants. Ils ont été examinés dans plusieurs régions d'Allemagne par des compagnies d'assurance et des responsables d'établissement, et approuvés en raison de l'intérêt qu'ils présentent et de leur valeur pédagogique.

• Quels coûts de construction et d'entretien auront à envisager ceux qui prennent en charge l'installation d'une aire de jeu naturelle ?
Les représentants des communes et des écoles souhaitent avoir des informations précises sur ce point. Les coûts de construction sont en règle générale très inférieurs à ceux des espaces de jeu conventionnels. L'entretien, la fabrication des éléments de jeu et des installations naturelles sont fortement réduits par l'intervention des parents, des enfants et des enseignants.

• Les structures en saules ne vont-elles pas être trop envahissantes et se transformer en un chaos vert ?
On peut freiner à tout moment la croissance des saules en les tressant et en les taillant. Une taille annuelle ne défigurera pas ces éléments de jeu mais leur conservera au contraire un bel aspect tout en améliorant leur vitalité et leur stabilité.

• Est-il possible, face au vandalisme qui sévit dans de nombreux lieux publics, que les structures des espaces de jeu naturels puissent se développer ?
On ne peut répondre à cette question de façon tranchée. L'expérience montre que la participation des enfants, des adolescents et des adultes est garante de davantage de soins et de responsabilité quant à la conservation et au développement de l'espace de jeu. Une fois que les éléments de saule ont pris racine, ils sont suffisamment vigoureux pour supporter des agressions assez fortes.

• Les enseignants aussi bien que les parents ont quelquefois du mal à laisser les enfants jouer avec de la terre, de l'eau, du sable ou de l'argile. Ils pensent toujours au prix élevé des vêtements, que les enfants vont salir et abîmer au cours des constructions et des jeux. Dans l'intérêt des enfants, parents et enseignants devraient opter pour un type de vêtements adapté aux jeux des enfants, pour libérer ces derniers de la peur de se salir.

Le concept pédagogique de l'espace de jeu naturel et les interrogations qu'il soulève doivent être discutés avant la planification effective.

La participation des enfants et des adolescents sera stimulée par des visites de terrains déjà aménagés ou par des supports visuels de démonstration : photos, diapositives, maquettes. Il ne suffit pas de demander aux enfants ce qu'ils souhaitent car, en général, ils citent la gamme des équipements classiques. La première phase de planification devrait le plus possible faire appel à l'imagination. Enfants et adultes peuvent, dans des boîtes, sur des planches ou des rondelles de bois, modeler des éléments de jeu, ou des paysages ludiques entiers qu'ils auront imaginés. On peut même, dans de vieilles assiettes à soupe, construire de petits univers de jeu avec des matériaux naturels qui inspireront la suite de la planification et de la réalisation.

La phase suivante est la planification concrète. Ce travail ne se fait pas dans un bureau, penché sur un plan et un catalogue d'équipements, mais sur le terrain lui-même. Il faudra notamment tenir compte des éléments suivants :
– situation du terrain (situation géographique, présence d'une route, pente) ;
– constructions et équipements éventuellement existants, arbres, arbustes ;
– allure générale du terrain (dénivelé, creux, surfaces planes, pentes) ;
– ensoleillement le matin et l'après-midi ;
– délimitation du terrain (clôture, haie) ;
– nature du sol (sableux, argileux, compact, enherbé, engazonné).

Cet état des lieux donnera déjà des indications importantes pour la prochaine étape. On considérera le terrain sous l'angle d'une grande aire de jeu où plusieurs enfants peuvent intervenir en même temps pour réaliser différentes approches du jeu.

On peut distinguer plusieurs types de jeu et activités :
– le jeu sensoriel-moteur qui répond au besoin d'activité de l'enfant,
– le jeu social qui se révèle particulièrement dans les jeux de rôle,
– le jeu élémentaire avec des matériaux naturels,
– construire avec des matériaux naturels et autres,
– jardiner en s'amusant,
– observer et découvrir des phénomènes et processus naturels,
– se cacher et battre en retraite,
– se reposer et flâner,
– manger, boire et faire la fête ensemble.

Il est important de ne pas disposer les zones de jeu spécifiques de manière arbitraire et d'éviter qu'elles incitent à des jeux se contrariant les uns les autres. Il serait par exemple absurde de faire aboutir un toboggan dans une zone de sable où des enfants peuvent construire. On organisera le lieu selon un circuit d'espaces ludiques reliés entre eux.

Le concept du nouvel aménagement ou du réaménagement pourra être visualisé par des croquis ou une maquette, par exemple à l'échelle 1/100.

Les dessins de ces deux pages illustrent la première approche du réaménagement partiel d'un terrain conventionnel. Le premier montre la situation au départ.

Ce coin de terrain avait été choisi arbitrairement comme emplacement pour l'installation d'un mur d'escalade et d'un bac à sable.

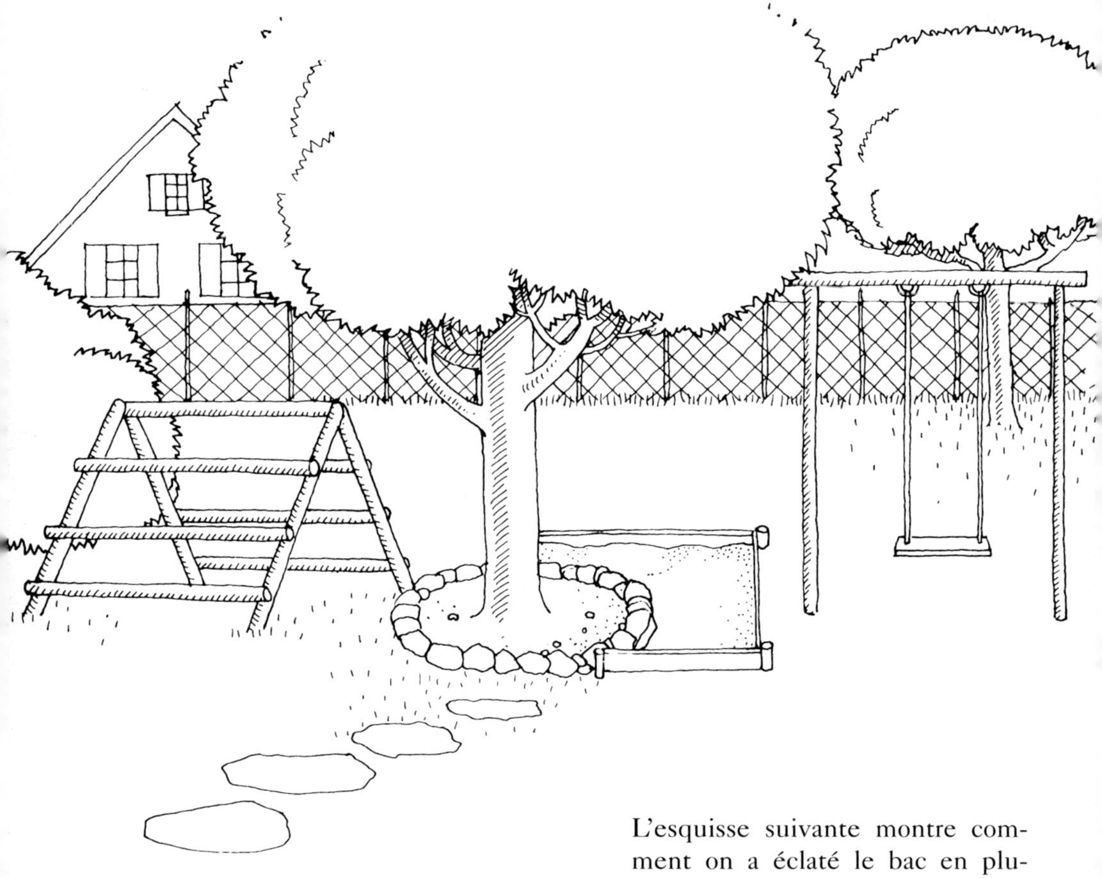

Le réaménagement d'un terrain conventionnel ! avant et après.

L'esquisse suivante montre comment on a éclaté le bac en plusieurs fosses de jeu, délimitées par un tunnel en saule qui subdivise l'espace et protège en même temps du soleil, du vent et des regards indiscrets.

Les aires de jeu naturelles se distinguent par des principes d'aménagement spécifiques.

– Le modelage du terrain est d'une importance capitale. Hauteurs, creux, terrasses, surfaces planes intensifient la manière dont les enfants peuvent vivre l'espace. Remplaçant les équipements de jeu et d'escalade inertes, ils favorisent les mouvements d'équilibre et d'appréhension de l'espace.

– Haie, remblai ou clôture végétalisés, palissade ou mur protègent les enfants des regards, de la circulation automobile, des courants d'air ; ils délimitent l'espace et créent une ambiance favorable aux activités ludiques.

– Les eaux de surface ne devront pas être canalisées par des tuyauteries ou des conduites en béton. Les fossés à ciel ouvert, qui finissent dans un puits perdus ou une zone humide au cœur du terrain de jeu, sont des attractions qui renforcent l'intérêt écologique de l'espace de jeu.

– Plantes et matériaux naturels créent une atmosphère qui stimule le jeu des enfants et améliore leur bien-être.

– A partir de matériaux de jeu élémentaires comme la terre, le sable, l'argile, les graviers, les pierres, le bois et l'eau, les enfants créeront leurs jouets et leurs paysages de jeu.

– Introduire des plantes en abondance permet aux enfants et aux adolescents de prendre conscience des processus de vie et de croissance, et de développer des relations personnelles avec des plantes, des petits animaux et d'autres éléments de la nature.

– Les aires de jeu naturelles laissent en friche des surfaces plus ou moins grandes qui peuvent être colonisées par des plantes ; les enfants pourront y jouer en laissant libre cours à leur imagination.

– Les équipements tels que les toboggans, les balançoires, les téléphériques et autres ne sont pas installés arbitrairement dans le terrain mais intégrés à la zone de jeu correspondante.

– Seules les surfaces le nécessitant d'un point de vue pratique, telles que les terrasses et les chemins, seront dallées ou stabilisées. Les endroits très fréquentés (jeux collectifs, équipements, lieux de rassemblement) seront couverts d'une couche de broyat ou de mulch d'écorce d'environ 10 cm.

FAIRE CONNAITRE LE PROJET

En faisant connaître le projet on sensibilise le public au besoin d'espaces de jeu et d'expérience des enfants. Ces derniers n'ont bien souvent pas de porte-parole pour exprimer leurs requêtes. Ils n'ont pas d'organisation pouvant inciter l'administration, les politiques, les enseignants, les associations et les particuliers à des actions de soutien en leur faveur. Enseignants et parents peuvent fonder leur propre groupe d'initiative pour l'aménagement de la cour de l'école par exemple, ou constituer un groupe de travail au sein de l'association des parents de la crèche ou de l'école. Il serait particulièrement souhaitable qu'ils s'investissent, au niveau de la commune, dans la conception et l'aménagement d'espaces de jeu et de terrains libres pour enfants et adolescents.

Un groupe d'initiative parentale qui souhaite aménager des aires de jeu sur les espaces verts situés entre des immeubles s'adressera dans un premier temps aux propriétaires de l'immeuble ou du lotissement. Non sans avoir au préalable élaboré plusieurs projets.

Les parents trouveront souvent un soutien actif parmi les militants des associations locales de protection de l'environnement, dont la démarche peut être concrétisée par la réalisation d'espaces de jeu naturels.

L'expérience montre que dans les écoles privées, les initiatives pour des espaces de jeu aboutissent plus rapidement et de façon moins bureaucratique que dans les écoles publiques. Souvent, plus la commune est grande et son administration complexe, plus les négociations pour obtenir le permis et le financement de la transformation seront anonymes et pénibles. Dans tous les cas, croquis, documents de travail et devis seront les bases de la négociation. Pour convaincre décideurs et financeurs, une maquette illustrant les différentes étapes des aménagements prévus a des effets véritablement miraculeux . Une visite du site destiné à être réaménagé donnera une image vivante du projet et pourra contribuer à vaincre les résistances personnelles et les préjugés.

Une fois les obstacles administratifs levés, le travail de communication à un niveau élargi peut commencer. Tous les parents intéressés seront invités à une soirée d'information sur le thème « Atelier espace de jeu naturel ».

Ce soir-là, des supports visuels tels que diapos, collages-photos, croquis si possible une maquette devraient démontrer aux parents les fondements pédagogiques et les aspects créatifs du projet. Au cours de ces réunions, une commission « construction », constituée d'enseignants et de parents, pourra être nommée et chargée de préparer et de mener à bien la réalisation.

Les nombreuses soirées de parents auxquelles j'ai pu assister contredisent totalement l'idée préconçue selon laquelle les parents, et surtout les pères, s'engagent peu volontiers dans les projets concernant les crèches et les écoles maternelles. Contrairement à toute attente, le fait de s'adresser directement aux parents, avec des propositions de travail concrètes, motive bon nombre d'entre eux à participer activement.

Une des tâches de la commission construction est de repérer les talents et les compétences au sein du groupe de parents, pour les répartir dans l'atelier « espace de jeu naturel ». Les parents peuvent souvent aider à trouver les matériaux et les outils. Ils contribuent au projet par leur savoir-faire en bricolage, leur bonne volonté et leur énergie, et vont s'identifier davantage aux méthodes de travail qu'ils découvrent.

Le travail de promotion de l'atelier devrait être complété par une coopération avec la presse locale ou régionale ou avec d'autres médias. Sensibilisant un large public au besoin de jeu, de développement et d'apprentissage des enfants et des adolescents, ces initiatives deviennent des réalités publiques qui ne peuvent plus être bloquées par les politiques ou par l'administration.

ORGANISATION ET MISE EN ŒUVRE

La réalisation de l'espace de jeu naturel peut démarrer à n'importe quelle saison. Les éléments en saule doivent être construits entre début novembre et début mai. Les saules peuvent être stockés sur le terrain de jeu et utilisés au fur et à mesure des besoins au cours de cette période. Le printemps et l'été sont des saisons propices pour la mise en relief du terrain. Les travaux de plantation peuvent être réalisés en automne, en hiver, et tôt au printemps, lorsqu'il ne pleut pas et ne gèle pas. Il est préférable de planter en automne et en hiver plutôt que tard au printemps. L'été se prête bien aux travaux de jardinage comme la construction des parterres surélevés ou l'aménagement du coin à compost. C'est aussi la période idéale pour les aménagements en relation avec l'eau.

L'aménagement des grands espaces de jeu peut s'étaler sur plusieurs années. Ce sera l'occasion d'expériences et d'apprentissages multiples qui stimuleront l'imagination et la capacité créative des acteurs. Il n'est pas rare que les expériences pratiques amènent à modifier certains points du projet.

Les journées d'animation au cours desquelles le concept de jeu sera concrétisé doivent être minutieusement préparées par la commission « construction ». Des listes récapitulatives des matériaux et des outils permettent de remédier à temps aux oublis.

• Pour les travaux de plantation et le travail de la terre, utiliser bêches, pioches, binettes et pelles. Des pieux en fer pointus sont utiles pour les trous d'implantation des poteaux et des palissades de saule.

• Les travaux de menuiserie sont réalisables pour l'essentiel avec des outils simples tels que égoïnes, marteaux, mètres pliants et pinces. Les scies circulaires électriques et les tronçonneuses ne seront utilisées que par des bricoleurs et des artisans expérimentés.

• Les pousses de saule d'un an se coupent facilement au sécateur. Pour les enfants de 5 à 10 ans, prévoir de petits sécateurs de jardinage faciles à manipuler. Avec des cisailles on taille des tiges de saule allant jusqu'à 5 cm de diamètre. Enfants et adolescents éprouvent une grande satisfaction à scier eux-mêmes à la main les matériaux de saule et de bois.

• On a toujours besoin de brouettes et de pelles pour transporter de la terre, du broyat ou des pierres.

Les journées de réalisations pratiques se déroulent très bien si la commission responsable du chantier coordonne les équipes de travail et les répartit entre les différents aménagements à réaliser. Cela ne veut pas dire que les participants ne peuvent plus quitter le chantier qu'ils ont choisi. Au contraire, une rotation entre les différents lieux permettra à chacun de compléter ses savoir-faire.

Ces journées se transforment en véritables fêtes grâce aux pauses et aux repas pris en commun. Un pique-nique, un goûter l'après-midi décupleront l'énergie des petits et des grands et les motiveront pour de nouvelles actions.

OU TROUVER LES MATERIAUX ?

Les matériaux doivent, dans la mesure du possible, répondre aux critères de la construction écologique. Veiller à ce qu'ils aient subi le minimum de manipulations industrielles et de traitements chimiques, et aussi à une provenance locale ou régionale. Se tourner vers des ressources locales évite les longs transports à la fois coûteux et polluants.

Une partie des matériaux étant introuvable dans les magasins de bricolage, voici quelques idées pour se les procurer.

Les saules

Les tiges de saules peuvent être coupées entre début novembre et fin février. L'autorisation peut être obtenue soit auprès des propriétaires, soit auprès de l'ONF. Dans certaines régions, ce sont les associations de protection de la nature qui s'occupent de la conservation et de l'entretien des saules têtards. Les conseillers municipaux chargés de l'environnement peuvent désigner les saules sur lesquels on pourra prélever des tiges.

Les saules têtards sont rabattus régulièrement avec une rotation de plusieurs années. Cette coupe fournit des tiges de 3 à 5 m de longueur et jusqu'à 10 cm de diamètre. Elles se prêtent merveilleusement à la construction des éléments en saules. Il peut être plus difficile de se procurer les tiges de tressage d'un ou deux ans. Des cultures abandonnées de saules à tresser ou à lier peuvent fournir des tiges fines. Si elles sont rabattues assez sévèrement, il est possible de couper l'hiver suivant de longues tiges non fourchues.

On trouve dans le commerce (pépinières forestières ou autres, coopératives, paysagistes) aussi bien des branches de tressage que des plants de saule avec racines. Ces derniers ne sont intéressants que si l'on tient à planter des espèces de saule particulières comme le saule dragon, le saule à osier, le saule olivier persistant, le saule pourpre, etc. Les boutures de saule avec racines sont très faciles à préparer soi-même à partir de tiges d'un an de 20 cm de longueur, suivant la méthode indiquée dans le chapitre sur le saule.

Arbres, arbustes et plantes vivaces

Eviter d'acheter ces plantes dans les supermarchés ou les jardineries. On en trouve de très bonne qualité à des prix intéressants chez les pépiniéristes qui, pour la plupart, les produisent eux-mêmes. Les propriétaires de jardin donnent volontiers au printemps des plantes vivaces et des arbustes à fleurs et à baies.

Eléments en bois

Dans des fabriques de poteaux ou dans des commerces spécialisés dans le bois, les rondins seront en général bien meilleur marché que dans les grandes surfaces de bricolage. Les planches brutes, les madriers, les chevrons seront achetés, si possible, à la scierie la plus proche où l'on peut également trouver des chutes de bois à des prix intéressants.

Pointes et vis

Pour faire de sérieuses économies, on se procurera pointes et vis en grosses quantités chez les marchands de matériaux.

Broyat et copeaux

Le broyat s'achète au meilleur prix en hiver. Les services municipaux des espaces verts broient le bois de taille et peuvent donner ce broyat à des écoles. Il est également possible d'en trouver dans des entreprises d'aménagement paysager.

Le mulch d'écorce vendu dans les grandes surfaces de jardinage ne sera utilisé que si l'on a la garantie qu'il ne contient pas de résidus de pesticides.

L'AUTEUR

Richard Wagner travaille depuis le début des années 1980 sur le concept et la réalisation de lieux de jeu adaptés aux enfants. Après des études supérieures de théologie catholique et de formation pour adultes, il conçoit un projet éducatif, qu'il conduit huit années durant.

L'élément de départ était un ancien terrain agricole de deux hectares. Enfants, adolescents et adultes pouvaient y apprendre pas à pas comment rendre la terre habitable. Une source, des haies, des arbres fruitiers, des saules, des coins de prairie et un petit bois constituaient l'équipement de base du terrain de jeu. Au cours de camps, d'ateliers et de journées d'animation avec de jeunes enfants, des élèves et des étudiants, ce terrain a été transformé en un espace de jeu naturel. Cette transformation ne s'est pas faite en suivant un plan préétabli mais a été réalisée spontanément, découlant de l'intervention des enfants, et surtout inspirée par les matériaux trouvés sur place : argile, bois, saules.

Depuis, l'auteur a transposé les connaissances et l'expérience acquises dans le cadre de ce projet à la réalisation de nombreux espaces de jeu pour enfants en ville ou à la campagne.

Depuis 1991, dans le cadre de son bureau d'étude, il intervient dans toute l'Allemagne pour la construction et le développement de tels espaces. Le scepticisme de départ s'est lentement mais sûrement transformé en une coopération constructive. Richard Wagner travaille également comme consultant dans le cadre de la formation continue auprès de responsables des secteurs scolaires et extra-scolaires.

LOUIS-JEAN
avenue d'Embrun, 05003 GAP cedex
Tél. : 92.53.17.00
Dépôt légal : 375 — Mai 1996
Imprimé en France